让青少年受益终身的智慧游戏

荣获天津首届优秀科普作品奖

别对我撒谎

提高判断力的思维游戏

盛文林◎编著

思考是我们揭示隐藏于事物背后规律的必要手段

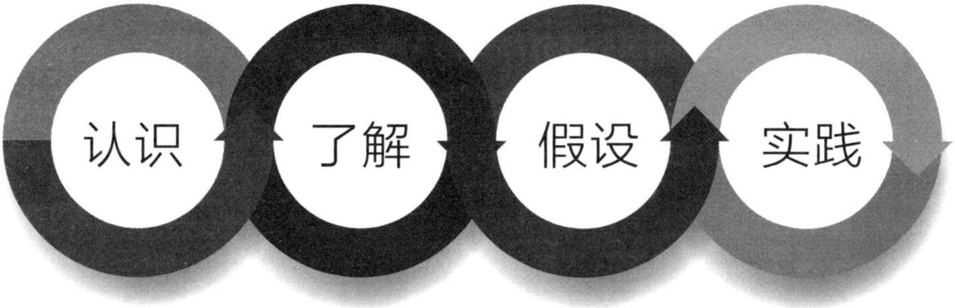

激发潜能的智力游戏

唤醒大脑中沉睡的细胞

U1008651

天津出版传媒集团

天津科学技术出版社

图书在版编目（CIP）数据

别对我撒谎：提高判断力的思维游戏／盛文林编著
—天津：天津科学技术出版社，2011.5（2020.6 重印）
（让青少年受益终身的智慧游戏）

ISBN 978-7-5308-6318-3

Ⅰ. ①别… Ⅱ. ①盛… Ⅲ. ①智力游戏—青年读物②智力游戏—少年读物
Ⅳ，① G898.2

中国版本图书馆 CIP 数据核字（2011）第 062370 号

别对我撒谎：提高判断力的思维游戏

DEI DUI WO SA HUANG : TI GAO PAN DUAN LI DE SI WEI YOU XI

责任编辑：郑　新

出　　版：天津出版传媒集团 天津科学技术出版社

地　　址：天津市西康路 35 号

邮　　编：300051

电　　话：（022）23332674

网　　址：www. tjkjcbs. com. cn

发　　行：新华书店经销

印　　刷：三河市兴国印务有限公司印刷

开本 710 × 1000　1/16　印张 12　字数 200 000

2020 年 6 月第 1 版第 2 次印刷

定价：36.00 元

前言

QIANYAN

在当今这个信息社会，人们每天要面对的信息量越来越大。在这些庞杂的信息当中，对个人来说，哪些是主要的，哪些是次要的，哪些是根本没有用处的呢？这需要个人根据不同情况来作出判断。一个有着敏锐判断力的人，会在很短的时间内，对这些庞杂的信息作出判断，并作出正确的决策。然而，大多数人只能望“信息”兴叹了。

敏锐的判断力能够帮助我们透过一切扑朔迷离的迷雾，清晰地看到事物的真实本质，并因此而做到明察秋毫，运筹帷幄！那么，如何培养敏锐的判断力呢？当然，培养敏锐的判断力并非一朝一夕的事情。而应该从青少年时代就有意识地加以培养，所以，广大青少年朋友应在生活中养成良好的思维和行为习惯。只有这样才能最大程度地提升自己的判断力。

首先，要在培养自信心的基础之上，养成勤于思考和善于调查的良好习惯。一个人是否有主见，与是否具有坚强的自信心是分不开的。除了坚强的自信心，还要勤于思考和善于调查研究，这对于广大青少年朋友是否能够准确判断是至关重要的。

其次，理清楚眼前的各种信息。生活中，因为面对的信息是纷繁芜杂的，所以广大青少年必须弄清楚眼前的信息，理清乱麻，才能找到出路。要搞清楚眼前的事情，就要从自己的实际情况出发，认真分析，抓住本质，对事情深思熟虑，然后才能作出判断。

再次，纵观事物的形成过程和发展趋势。从哲学上讲，凡事都有前因后果。事物的发生、发展都有一个合乎逻辑的发展过程。在生活中，广大青少年不但要学会善于了解，更重要的是要学会全方位地了解事物，对事物的形成过程仔细观察，认真研究，就有利于对事物的发展趋势作出准确的判断。

最后，养成综合看问题的习惯。只见树木，不见森林的人永远无法了解森林的全貌。世界上的一切事物都不是孤立存在的，它们彼此之间存在着千丝万缕的联系。只要对事物进行综合分析，把一切有联系的因素都考虑进来，然后详加分析、考察、比较，再作出判断，就会使事物的本质清晰地呈现出来。

当然，除了在生活中应注意上述事项之外，有意识地通过思维游戏的训练来提高自己的判断力也是非常重要的。在国外，人们很早就把思维游戏列入了教学范围。因为思维游戏是提高判断力的一种极好的训练方式，它可以帮助游戏者在潜移默化中提升判断力。

为了给广大青少年提供一本比较优秀的提升判断力的思维游戏，我们组织编写了这本《别对我撒谎：提高判断力的思维游戏》。我们从提高判断力的角度出发，对每一个部分的游戏都进行了精心的选择和设计，每个游戏都极具代表性和独创性，内容丰富，难易适度，形式活泼。

目录
CONTONTS

第二部分　观察判断力训练

第三部分 类比判断力训练

第五部分 分析判断力训练

别对我撒谎：提高判断力的思维游戏

第一部分

直觉判断力训练

在学习和生活中，青少年朋友常常会遇到这样一些问题：看似简单，解决的办法好像就在脑海中，但很快又会掉进思维的陷阱，解决的办法也不见了；等到经过千辛万苦的思考之后，才发现其实解决办法就是脑海中最初形成的那一种。这时，大家才恍然大悟。

其实，大家脑海中形成的那种最初的印象就是直觉判断。这在方法论中被称为“直觉判断法”。直觉判断法是目前国际上较流行的决策法。直觉，是客观事物在人们头脑迅速留下的第一印象；是在极短的时间内，对情况突如其来的、超越逻辑的洞察、顿悟和理解。直觉判断快速而又准确。

要激发高度的直觉判断能力就需要不断的思考和不懈的努力。本章思维游戏就是培养青少年朋友直觉判断能力的。

有趣的公路

甲曾开汽车周游了全世界，他说了这样一句话："我试着跑遍了 A 国的所有公路，很明显，该国公路的左转弯比右转弯多。"

你说会有这种事吗？

培养系数：★★☆☆☆

不破的鸡蛋

甲拿一个生鸡蛋，让它自由下落。在地上没有任何铺垫物的情况下，甲能够使鸡蛋下落 1 米而不破吗？

培养系数：★★☆☆☆

过通道的蚂蚁

一只蚂蚁在地下通道里爬行，对面又来了一只。由于通道非常狭窄，只能单只通过。幸好，通道一侧有个凹处，刚好能容得下一只蚂蚁，可不巧的是，里面有一个小沙粒，把它移出来后又把通道堵住了，还是无法通行。

两只蚂蚁应该怎么做才能都顺利通过呢？

培养系数：★★☆☆☆

绿豆和红豆

先将绿豆倒入袋子里，用棉绳绑紧袋子的中间，接着倒进红豆。然而，在没有任何容器，也不能将豆子倒在地上或其他地方的情况下，要如何将绿豆移入另一个空袋子中呢？

培养系数：★★☆☆☆

未遂的自杀

甲因为忍受不了生活的压力，就写好了遗书准备自杀。一天夜里，甲来到了公路上，看见对面亮着两个前灯的汽车正快速向他开来。甲紧闭双眼，打算迎接死神的到来。当汽车飞驰而过时，甲以为这次必死无疑了。然而，当他睁开双眼却发现，自己正好端端地躺在公路上，毫发无损。

你觉得这可能吗？

培养系数：★★☆☆☆

单轨铁路的小站

某单轨铁路的一个小站上，停着一列由火车头、五节车厢组成的列车。这个小站只有一条短的尽头支线，必要时可容纳一个火车头和两节车厢。

现在正有一列客车渐渐驶进这个小站，请你指挥这列客车通过这一小站。

培养系数：★★★☆☆

哪座钟坏了

在某城市，有10座钟发生故障，时快时慢时，就会有10个人来到钟表店修理坏钟。在同一城市，当5座钟发生同样故障时，就有5个人来到钟表店修理坏钟。可是仍在同一城市，只有1座钟发生故障时，却有无数的人来到钟表店里修理钟表。

请问，这到底是怎么一回事？

培养系数：★★☆☆☆

不同的波浪线

甲和乙分别驾驶一艘电动船，小船驶过的水面留下了夹角不同的波浪线。甲和乙谁的船航行得快呢？

培养系数：★★☆☆☆

获救的人员

一艘客船在海上遇难，20 分钟后将会沉没。船上有乘客 20 名。船长命专用唯一的一艘定员 5 人的小艇载乘客到附近的无人岛上避难。小艇到小岛的往返时间是 9 分钟。附近海里有食人鲨出没，不能游泳渡海。那么最终将有 15 人能顺利获救。

你觉得这个说法对吗？

培养系数：★★☆☆☆

巧拿鸡蛋的办法

甲和朋友们打完篮球，抱着篮球回家。路上，他突然想起应该买些鸡蛋，于是他就转到菜市场买了十几个鸡蛋。

这个菜市场提倡环保理念，因此不给顾客提供塑料袋。甲既没有篮子，也找不到其他的工具，他只穿了运动服，也没有其他衣服可以用来包鸡蛋。

他应该怎么把这些鸡蛋带回家呢？

培养系数：★★☆☆☆

房子在哪里

一个人刚来一个地方，他围着房子走了一圈，想确定东、南、西、北。可是他发现四周的方向都是一样的。

这所房子坐落在哪里呢？

培养系数：★★☆☆☆

巧拨闹钟的时间

甲住在农村，只有一台闹钟。今天因电池用完停了。甲换好电池后急急忙忙去有钟的熟人家，看完时间后没有滞留就回到家，马上拨钟。拨钟时，甲才发现不知道自己在路上走了多长时间，但最后他还是把闹钟的指针拨到准确时间的位置上。

你猜甲是怎样拨的？

培养系数：★★★☆☆

赝品罗马古币

甲和乙都是考古学家。不久前，甲挖掘出一枚罗马古币，上面标明的铸造年代是公元前44年，并印有凯撒大帝的肖像。但乙断定这枚古币是赝品。经过鉴定，这枚古币确实是赝品。

乙是怎么知道的？

培养系数：★★☆☆☆

奇怪的赛马

有甲、乙、丙、丁4匹马赛跑，它们共进行了4次比赛。结果是甲快乙3次，乙又快丙3次，丙又快丁3次。很多人会以为，丁跑得最慢，但事实上，丁却快甲3次，这看似矛盾的结果可能发生吗？

培养系数：★★☆☆☆

不可靠的预测机

人工智能专家发明了一台预测机，任何一个人都可以问它：一小时之中会不会发生某件事。如果预测机预知这件事会发生，就亮绿灯，表示“会”；如果亮红灯，就表示“不会”。这台机器一经推出受到很多人的欢迎，特别是警察局的警员，因为这样可以减轻他们的工作任务，只有局长不高兴，因为他知道预测机根本就不可靠，用一句话就可以验证。

那么，你知道局长想到了一句什么话吗？

培养系数：★★☆☆☆

巧切煎饼

甲是一个烙煎饼的。有一次，一位顾客说家里来了很多客人，所以他想请甲尽最大努力把一张煎饼切成8块，但只能切三刀。甲真的用三刀把顾客的要求给满足了。

你知道甲是怎么切的吗？

培养系数：★★☆☆☆

永远的赢家

有两个女孩摘了一朵有着 13 片花瓣的圆形的花，两人可以轮流摘掉一片花瓣或相邻的两片花瓣。谁摘掉最后的花瓣谁就是赢家，并以此来预测未来的婚姻是否幸福。实际上只要掌握一定的技巧，就能让自己永远都是赢家。

你知道怎样才能在这场游戏中取胜吗？先摘还是后摘？应采取怎样的技巧呢？

培养系数：★★★☆☆

拼成一个圆片

甲是初中二年级学生，非常聪明。他用硬纸剪了两枝如图所示纸花，这两枝纸花的花瓣、叶、茎都是分开的。

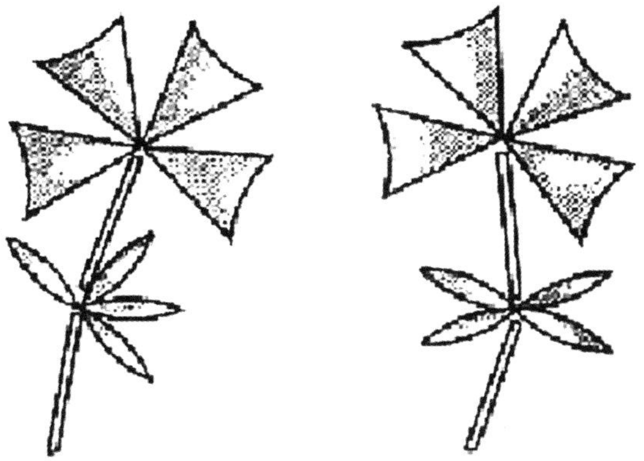

你能用这两枝花的各部分拼成一个圆片吗？

培养系数：★★★☆☆

轮船烟囱的烟

轮船以每小时 10 千米左右的速度航行，轮船烟囱冒出的烟是笔直上升的。

你认为这种情况可能吗？

培养系数：★★☆☆☆

画中的窗户

甲是著名的画家。这一天电视台正在实况转播甲创作大型风景画的全过程，突然画中的窗户打开了，露出一个人头来。

请问，可能出现这种情况吗？

培养系数：★★☆☆☆

奇怪的孪生姐妹

甲告诉乙这样一件怪事：有一对孪生姐妹，姐姐出生在 2001 年，妹妹出生在 2000 年。

你说可能吗？

培养系数：★★☆☆☆

买票的经历

甲打算买一张地铁票，于是给在窗口卖票的小姐递了 5 元钱，她问甲是不是买联票（有两种票：一种为 5 元的联票，一种为 3 元的普通票），可是甲后面的人拿了一张1元和两张2元的纸币，一共5元钱买票，卖票小姐却什么也没有问，给了那人一张联票。

请问，这是为什么？

培养系数：★★☆☆☆

财主的办法

甲非常聪明，他总是帮助老百姓对付财主，因此财主对甲恨得咬牙切齿。有一次，财主借机把甲抓起来绑到水池的柱子上，然后又在水面上放了很多大冰块。这时，水正好没到甲的脖子处。

财主对甲说："这次你可栽到我手上了！等冰块一融化，你就没命了！"甲听了财主的话，面不改色，笑嘻嘻地一点儿也不在意。

你知道这是为什么吗？冰块融化之后水面会上升多高呢？

培养系数：★★☆☆☆

到底有多少水

甲和乙在院子里玩，他俩发现水池旁放着一个圆柱形的水桶，里面盛着水。甲看了看，说："桶里只有不到半桶水了。"乙坚持说桶里的水要多于半桶。两个人争执不休。

如果想要知道他俩到底谁说得正确，你能不使用任何工具，就想出办法来吗？

培养系数：★★☆☆☆

马克·吐温的玩笑

有一次，马克·吐温路过一座教堂，牧师正在讲坛上布教。他非常反感牧师的陈词滥调，于是想捉弄一下牧师，和他开个玩笑。牧师仍在那里津津乐道，马克·吐温一本正经地说："牧师先生，你讲得实在太妙了，只不过你所说的每一个字，我都曾经在一本书上看过。"

牧师不悦地说："这不可能，我的讲演是独一无二的，我可以上帝的名义发誓！"

"但是，你说的每一个字我确实在那本书上看过啊。"马克·吐温半真半假地说。

牧师感到有点无可奈何，说："那么，请你有时间把那本书借给我看一看。"

过了几天，这位牧师果然收到了马克·吐温寄给他的"书"。牧师看了之后，哭笑不得。

不过，马克·吐温和牧师都没说假话。马克·吐温到底寄了一本什么书给牧师呢？

培养系数：★★☆☆☆

邻居的恶作剧

一天，甲打开信箱，取出一封信。甲撕开信封看了看，吓了一跳。信上的邮戳日期是两天以前的，信里面却是一则今天早上的新闻。之前信封并没有被打开过的痕迹，甲怎么也想不通。

其实，这是甲的邻居乙的恶作剧。你知道乙是怎么做到的吗？

培养系数：★★★☆☆

国际汽车大赛

一年一度的国际汽车大赛就要开始了。比赛中，汽车总是沿着一定方向奔驰，所以汽车内侧的轮子和外侧的轮子所跑的距离是不同的。如右图所示，假设现有一条直径为 50 米的圆形跑道，内侧与外侧轮子间的宽度为两米，则汽车跑一圈，外侧的轮子比内侧的轮子多跑约 12.56 米。

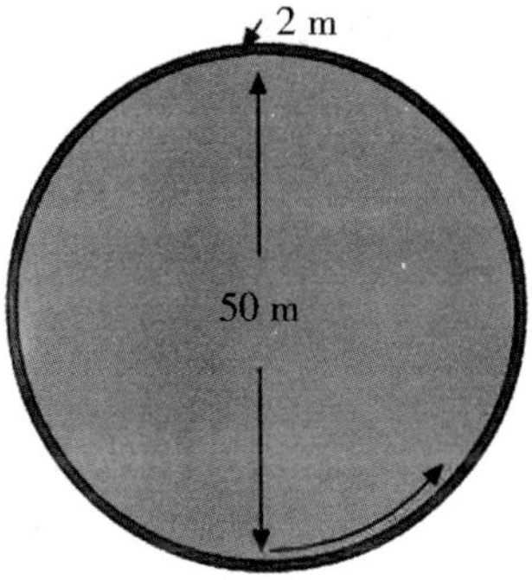

如果这是条直径为 500 米的圆形跑道，那么跑圈，外侧比内侧多跑多少距离？

培养系数：★★★☆☆

客人喝咖啡

客人来到一家餐厅，要了一杯咖啡，当喝到一半时又兑满开水；又喝去一半时，再次兑满开水；又经过同样的两次重复过程，最终喝完了。

请计算这位客人一共喝了多少杯咖啡。

培养系数：★★☆☆☆

寻找出发点

有一个探险者，从某个地点出发，朝南走了 1 000 米，接着朝东走了 1 000 米，再接着朝北走了 1 000 米，结果发现自己回到了原来的出发点。

请问，这个探险者的出发点是在什么地方？

培养系数：★★☆☆☆

法式小饼干

甲的妈妈从法国出差回来，带了一盒法式小饼干给他。甲非常喜欢妈妈送给他的礼物，因为他特别喜欢吃这种饼干。正当他打开饼干盒时，他的 4 个朋友就先后到了，他不情愿地把其中的一半和半个饼干分给了他的朋友乙。

然后，他把剩下的一半饼干和半个饼干分给了丙。

接着，他又把剩下的一半饼干和半个饼干分给了丁。

最后，他把盒子里剩下的一半饼干和半个饼干分给了最后一个朋友。这样，可怜的甲就把盒子里的饼干都分了出去，他真是伤心极了。

那么，你能计算出盒子里原来有多少小饼干吗？（注意，甲绝对没有把盒子里的饼干弄成两半。）

培养系数：★★★☆☆

朋友的笑容

甲今天早上去上班时，看到好朋友乙的脸上堆满了笑容。甲便笑着问她：“噢，亲爱的，什么事令你这么开心，能说给我听听吗？”

乙回答说：“亲爱的，我终于把那辆破车卖掉了。原来我标价 1 100 元，可没有人感兴趣。于是，我把价钱降到 880 元，还是没有人感兴趣。我又把价钱下调到 704 元。最后，出于绝望，我再一次按照这个方式降价。今天一早，丙把它买走了。那么，你猜猜我卖了多少钱？”

培养系数：★★★☆☆

渎职的警察

在美国城市街道的交叉路口上，明文规定着，有步行者横过公路时，车辆就应停在人行道前等待。可是偏偏有个汽车司机，当交叉路口上还有很多人在横过马路时，他却突然撞进人群中，全速向前跑。这时旁边有个警察看了也无所谓，并没有责怪他，你知道是为什么吗？

培养系数：★★★☆☆

最后一个点

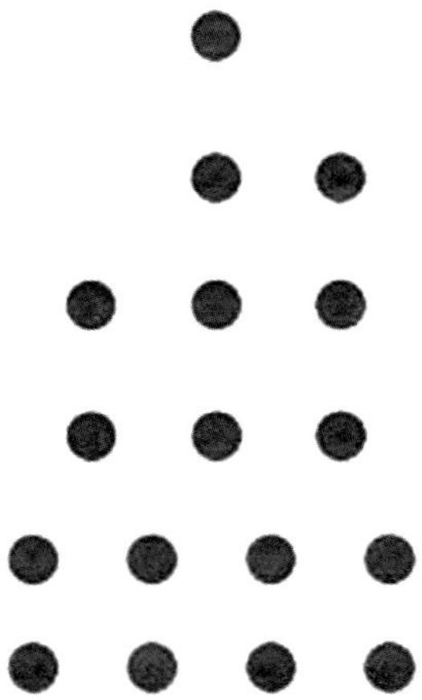

如图所示，有 17 个点，如果将任意两点用一条比点粗的直线连接起来，最后应可让每一个点至少都能和另一点连接起来。可是据说有人这样做了，尽管把所有的点都连接起来了，但最后却剩下了一个点。

这种事情有可能出现吗？

培养系数：★★☆☆☆

分蛋糕的伙计

蛋糕房里的伙计一天收到了一份奇怪的订货单：定做 9 块蛋糕，装在 4 个盒子里，每个盒子里至少要装 3 份蛋糕。这可难倒了伙计，但最终他还是给了顾客满意的答复。

你知道他是怎么做的吗？

培养系数：★★★☆☆

转告广告牌

在瑞士居住着讲德语、法语、意大利语、罗马尼亚语等语言的国民。有一次，4 个土生土长的中国人到瑞士旅游。4 人中，甲会讲罗马尼亚语和德语，乙会讲德语和法语，丙会讲法语和意大利语，丁会讲西班牙语和英语。

他们来到某个地方，那儿有一块写着罗马尼亚文的广告牌。甲看了后用德语转告了乙。

请问，乙能把广告牌上的意思转告给丙和丁吗？

培养系数：★★☆☆☆

升斗的妙用

一个长方形的升斗，它的容积是1升。有人也称之为立升或公升。现在要求你只使用这个升斗，准确地量出0.5升的水。

应该怎么办才能做到呢？

培养系数：★★☆☆☆

无法跨过的铅笔

放一支铅笔在地上，要使任何人都无法跨过，怎么做？

培养系数：★★☆☆☆

紧急避免的车祸

有一辆没有开任何照明灯的卡车在漆黑的公路上飞快地行驶，天还下着雨，没有闪电、没有月光也没有路灯；就在这时，一位穿着一身黑衣的盲人横穿公路！在这千钧一发之际，汽车司机紧急地刹车了，避免了一次恶性事故的发生。

为什么会是这样呢？

培养系数：★★☆☆☆

奇怪的折纸

甲把一张细长的纸折成两半，结果一边比另一边长了 1 厘米。反过来重折一次，这次是另一边长了 1 厘米。

那么，这张纸正中折起的两条痕迹的间隔应该是几厘米？

培养系数：★★☆☆☆

只买一种鱼饵

甲的爸爸很喜欢养鱼。在他家透明的水缸里，漂亮的鱼儿游来游去快乐极了。不过，甲却发现了一件百思不得其解的事。水缸里有两种鱼，可是，爸爸每次只买一种鱼吃的饵料。

这是为什么呢？

培养系数：★★☆☆☆

神秘之物

有一个东西，它一旦消失，9 天之内不会再出现；当下一次再消失时，又在两天后出现，然后又消失；之后，一般是 10 天后再现，一年只有一次是 8 天或 9 天后再现。这个东西就在我们身边。

请问，它是什么？

培养系数：★★☆☆☆

聪明的囚犯

有个国王想处死一个囚犯，他决定让囚犯们自己选择是砍头还是绞刑。

选择的方法是：囚犯可以任意说出句话来，如果是真话，就处绞刑，如果是假话，就砍头。

有个聪明的囚犯来到国王面前问："如果我说出了一句话，你们既不能绞死我，也不能砍我的头，怎么办？"

"如果真是那样的话，我就释放你。"国王说。

那个囚犯说了句话，果然十分巧妙。国王听了左右为难，但又不能言而无信，只好把这位聪明的囚犯释放了。

你知道聪明的囚犯说了什么话吗？

培养系数：★★☆☆☆

绝妙的办法

在农村，处理好乡邻关系可是一个大问题。这不，甲刚盖好的新房，还没住上多久，隔壁就又有人家在盖房子了，不但影响甲休息，而且建房人还在规划占地以外的地方竖起一块厚木板。

甲非常气愤，就用毛笔蘸着墨汁在纸上写了4个大字"违章建筑"，贴在木板上。可是到了第二天，纸就被人撕掉了。于是甲又生一计，不管有人再怎样擦，或是用其他办法覆盖，都不能使字从木板上消失。

你知道甲用了什么绝妙的办法吗？

培养系数：★★☆☆☆

照片上是谁

甲既没有兄弟，又没有姐妹。有一天，他看着一张照片发呆。他的一个朋友问他："你看的是谁的照片？"他如实回答："照片上的男人的父亲，是我父亲的儿子。"

他看的是谁的照片？

培养系数：★★☆☆☆

隧道里的火车

两条火车隧道除了隧道内的一段外都是盘旋铺设的。由于隧道的宽度不足以铺设双轨，因此，在隧道内只能铺设单轨。

一天下午，一列火车从某一方向驶入隧道，另一列火车从相反的方向驶入隧道。两列火车都以最高速度行驶，但它们并未相撞，这是为什么？

培养系数：★★☆☆☆

包裹里的戒指

当甲把 9 个外形完全相同、重量完全相等的包裹都封好口后，发现他的一枚戒指掉在其中一只包裹里了。

而他不想把所有的包裹都打开。只称两次，他能确定戒指在哪只包裹里吗？

培养系数：★★☆☆☆

哥哥的特异功能

弟弟是个小懒虫，每次早上醒了都不愿意起床，他怕哥哥叫他，就躺在床上装睡。哥哥也有对付弟弟的办法，每次见弟弟装睡，哥哥就会说："小弟，你别装睡了。我有特异功能，知道你在装睡。"

哥哥每次都能猜中弟弟在装睡，准确率达百分之百。究竟哥哥是怎么猜的呢？

培养系数：★★☆☆☆

奇怪的比赛

在学校一年一度的运动会上，甲不负众望，经过一番激烈的较量，终于进入决赛。到了决赛的时候，全班同学都给甲加油鼓劲。甲很有信心，一听到枪响，第一个就冲出了起跑线，而且一路上都没有被其他任何选手超过。

但是最后，第一个冲到终点线的人却不是甲。甲也没有在半途弃权。

这到底是怎么回事呢？

培养系数：★★☆☆☆

有趣的环球旅行

两个好朋友一直有自己开飞机环游世界的理想。他们设想从北京出发最后再回到北京。一个人说："我向北方飞行，只要保持方向不变，就一定能飞回北京。"另一个人说："我向南方飞行，只要保持方向不变，也一定能飞回北京。"

你觉得他们的说法有道理吗？

培养系数：★★☆☆☆

妈妈的好办法

甲和乙兄弟俩每天放学回来都要吃零食。一天，妈妈为他们准备的零食是 1 只香蕉（净重 150 克）、1 个苹果（380 克）和 8 颗草莓，哥俩回来一人一半。没想到，今天放学后，他们还带了一个同学回来。

那么原来准备好的两人分的东西能不能等量地分给 3 个人呢？

培养系数：★★☆☆☆

孤独的沙漏

科学院的宇航员甲有一个习惯，每天早晨刷牙用时 1 分钟，时间则靠沙漏计时器控制。可是有一天，甲要出差一周，于是他嘟囔道："这回用不上沙漏计时器了，真扫兴。"

沙漏计时器体积小，重量轻，携带方便，可是甲为什么不带上它呢？

培养系数：★★☆☆☆

沙漠中的商队

沙漠中有一支骆驼商队，人们把体弱的骆驼放在队列的中间，强壮的骆驼位于队列的前头和末尾。然而由于难以区分这些骆驼，人们就在骆驼身上按 1，2，3 的顺序打上烙印。由于疼痛，每头骆驼叫唤 5 分钟。

如果这支商队由 10 头骆驼组成，假定叫唤声不重叠，最少要听到多少分钟骆驼的叫唤声？

培养系数：★★☆☆☆

巧妙的过河法

甲牵着一只狗和两只小羊回家，路上遇到一条河，没有桥。只有一条小船，并且船很小，他每次只能带一只狗或一只小羊过河。

你能帮他想想办法，把狗和小羊都带过河去，又不让狗咬到小羊吗？

培养系数：★★☆☆☆

剩下的蜡烛

一个停电的夜晚，甲点燃了 8 根蜡烛照明。但是突然吹来的一阵风把两根蜡烛吹灭了。过了一会儿，又被风吹灭了一根。甲便把窗子关好。这样，剩下的蜡烛就没有再被吹灭的了。

那么，请问最后能剩下几根蜡烛？

培养系数：★★☆☆☆

购买什么物品

甲由于经常躺在床上看书而养成了不良的看书习惯，时间一长就形成了高度近视。只要一拿掉眼镜，他就几乎什么都看不见了。虽然通常情况下甲戴普通眼镜的次数比戴隐形眼镜的次数要多，但是他去买一件物品的时候，他还是觉得要戴上隐形眼镜更合适。

请问，甲要买的物品是什么呢？

培养系数：★★☆☆☆

下水道井盖

喜欢观察的朋友们会注意到，在我们居住和生活的城市里有排放污水的下水道，而下水道口的盖子通常为圆形，它具有比正方形容易做、可以滚动等优点。但除此之外，还有下水道盖子非做成圆形不可的更具说服力的理由。

你认为那会是什么呢？

培养系数：★★☆☆☆

现代斯芬克斯之谜

希腊神话中的斯芬克斯是世界最古老的出谜专家。它向路过的游客提问："开始是用四条腿，然后是用两条腿，最后用三条腿走路的是什么动物？"答不出"那是人"的游客就会被它吃掉。现在有一个现代的斯芬克斯出了这样一个难题："在 0 和 1 之间放入一个适当的符号，组成一个比 0 大、比 1 小的数字。"

那么你会怎样回答呢？

培养系数：★★☆☆☆

汽车巧过桥

一辆汽车坏了，被另一辆汽车用钢索拖着前进。但在行进中，路遇一座桥梁。桥头的标志牌上写着：最大载重量 30 吨。然而，前面的汽车重 20 吨，后面的坏汽车重 15 吨，明显超过了桥的载重量。

你能想办法帮他们通过这座桥吗？

培养系数：★★☆☆☆

猜准扑克牌

每副扑克牌的背面都是一模一样的。现在有一张扑克牌背面朝上扣在桌面上。下面来猜测这张扑克牌的正面。

你能想出个一猜就中的方法吗？

培养系数：★★☆☆☆

取胜的方法

有一位教书匠年纪大了，想选一个徒弟继承自己的事业。他左思右想，觉得自己的两个徒弟不分伯仲，因此很是为难。

过了几天，他终于想出了区分两个徒弟高下的好点子。他叫来两个徒弟，递给他们两本同样厚的书和两支笔，然后让两个徒弟分别在书的每一页上点上一个点，不能漏页。最后谁先点完就将自己的事业传给谁。

你知道怎么才能取胜吗？

培养系数：★★☆☆☆

裁判的办法

一个老人立下遗嘱，让他的两个继承人赛马，输的人得到全部遗产。赛马在约定的时间开始了，可两人都想方设法不让马过终点。为了打破僵局裁判对规则做了一个小小的改动。根据裁判的主意，两人又开始比赛，先到达者得到了遗产。

如果所有人都在按规则做，那么这到底是怎么回事？裁判想出的办法是什么呢？

培养系数：★★☆☆☆

孙膑的办法

据说，孙膑到了齐国以后，齐威王拜他为军师。有一天，齐威王想找机会考一考孙膑，就率领大臣来到一座小山脚下。

齐威王坐在石头上对众人说："你们谁有办法让我自己走到这座小山顶上去？"

大家都说出自己的办法。田忌说："现在正逢叶落草黄，在您的周围点一把大火，大王就得往山上走。"

齐威王笑道："用火攻，这办法太笨了。"

另一位大臣说："用水淹。"齐威王摇了摇头。

还有的说："找外国军队来抓你。"大家说了一大堆办法，齐威王都一笑了之。

齐威王回头问孙膑有没有办法。孙膑说出了自己的办法，齐威王果然自己走了上去。这是什么办法呢？凭直觉猜一猜。

培养系数：★★☆☆☆

井底之蛙

一只井底之蛙想出去见见世面，于是开始攀爬井壁。每爬一次，就上升3米，但在再次攀爬井壁前会下落2米。已知井深10米。

这只青蛙要攀爬几次才能爬出井去？

培养系数：★★☆☆☆

分油的妙计

有两个大小、形状、重量相等的瓶子，其中一个装有半瓶多的油，另外一个则是空瓶。请问，在没有任何称量工具的情况下，要如何均分这些油呢？

培养系数：★★☆☆☆

怎样捡出球

甲是一名网球爱好者。一天，他在打网球的时候，不小心把球掉进球场的一个小洞里。这是一个老鼠洞，这个洞太深了，他够不到，而且由于洞到了中间就拐弯了，所以即便用木棍也无法把球拿出来。但是他并没有气馁，他很快就想出来一个好办法，并在两分钟之内把球拿了出来。

那么，他是如何没有把球场挖开就拿到球的呢？

培养系数：★★☆☆☆

脚印的秘密

甲是一个寻宝爱好者。他听说有一个洞穴里面藏着无数稀世珍宝，于是就慕名前往。到了一看，果然如传说的那样，有一个又大又黑的洞穴，而且洞口还有很多脚印的痕迹。

但是，甲看到这些脚印不是进去，而是转身往回走。要注意的是，他身上带的装备很全，不是忘记了什么。

那么，这是怎么一回事呢？

培养系数：★★★☆☆

答案及解析

有趣的公路

当然会。

去的时候是右转弯的话，回来肯定是左转弯，左右的转弯次数按理是一样的。但如果是单行道的话，左右转弯的次数则会有差异。生活当中的事情并不是一成不变的，并不是所有的公路都是双向的。

不破的鸡蛋

可以。

只要将生鸡蛋的高度拿到1米以上，然后让鸡蛋自由下落，当它下落了1米的时候，并没有碰到地面，当然不会破。这个类似脑筋急转弯的思维游戏其实蕴含着很多道理，在生活中的很多地方都可以遇到类似的问题。

过通道的蚂蚁

由一只蚂蚁把沙粒拉出凹处，放在通道里；然后另一只蚂蚁进入凹处；再由那只蚂蚁推着沙粒过凹处后暂停；然后另一只蚂蚁爬出凹处，沿通道爬走；最后那只蚂蚁将沙粒拖回凹处，自己走开。

绿豆和红豆

先把袋子上半部的红豆倒入空袋子，解开袋上的绳子，并将它扎紧在已倒入红豆的袋子上；接着把袋子的里面向外翻，再把绿豆倒入袋子。这时候，把已倒空的袋子接在装有红豆和绿豆的袋子下面，将手伸进绿豆里解开绳子，红豆就会倒入空袋子中，另一个袋子就只剩绿豆了。

未遂的自杀

可能。

迎面而来的两个前灯分别是两辆车的，这两辆车从他两侧通过。

单轨铁路的小站

把停在站上的客车的最后三节车厢开进尽头支线，并脱钩，然后把客车的其余部分慢慢向前开，驶来的列车也跟着客车向前开到尽头支线，再在它的尾部挂上客车脱钩的三节车厢，然后一起倒开。同时，客车剩下的部分（火车头和两节车厢）开到尽头支线，这时开来的客车与三节车厢脱钩，便可顺利地开出小站了。

哪座钟坏了

发生故障的那座钟或者是电台或电视台的报时钟，或者是钟塔上的大钟。当人们看到它时，只会认定是自家的钟出了问题，因而全城的人都到钟表店来修钟。

不同的波浪线

产生波浪线夹角小的船航行得快。这个问题不但需要在生活中仔细观察，还需要一定的力学知识。

获救的人员

这种说法不对。获救的应是13人。因为返航的小艇上需要一个驾驶员。

巧拿鸡蛋的办法

甲可以把篮球里的气放掉，把球的一面压瘪，使球呈碗形，然后把鸡蛋放在里面拿回家。

房子在哪里

北极点或者南极点。当然，实际上是不会存在这样的房子的。

巧拨闹钟的时间

甲离开家的时候已换了电池，闹钟也开始走了。他出去的时候看了钟，归来的时候也看了钟。根据这台闹钟就可确定他不在家的时间。到了熟人家和离开熟人的家，甲也看了他家的钟，因而可以确定在熟人家停留的时间。

从不在家的时间减去在熟人家停留的时间，即是甲在来回路上花掉的时间。在熟人家挂钟看到的时间加上来回路上甲花掉的时间的一半，即是他把闹钟拨到正确位置的时间。

赝品罗马古币

乙意识到，公元纪年始于耶稣诞生之后。在那之前的古币制造者是不可能预见到会有这种纪元方法的。公元前铸造的钱币，上面绝对不会这样来标记年份。这个游戏需要一定的历史知识。

奇怪的赛马

这样的结果是可以发生的：

第一次：甲、乙、丙、丁；

第二次：乙、丙、丁、甲；

第三次：丙、丁、甲、乙；

第四次：丁、甲、乙、丙。

不可靠的预测机

局长说："预测机下一个预测结果会亮红灯。"如果预测机亮红灯表示"不会"，那么预测机就预测错了，因为事实上它已经亮起了红灯。如果它亮绿灯说"会"，这也错了，因为实际上亮的是绿灯，而不是红灯。这样预测机就预测不准确了。

巧切煎饼

第一刀和第二刀是相交垂直的切，就切成了 4 块，然后把这 4 块煎饼叠起来，用第三刀把它们一分为二，就成了 8 块。

永远的赢家

后摘者只要保证花瓣剩下数量相等的两组（两组之间）以被摘除花瓣的空缺隔开，就一定能赢得这个游戏。

比如，先摘者摘一片花瓣，则后摘者摘取另一边的两片花瓣，留下各有 5 片的两组花瓣。如果先摘者摘取两片花瓣，则后摘者摘取 1 片花瓣。同样形成那种格局。之后，前者摘除几片，后者就在另一组中摘除同样多的花瓣。

通过这种办法，到最后那一步，她肯定能赢得最终胜利。

拼成一个圆片

答案详见图。

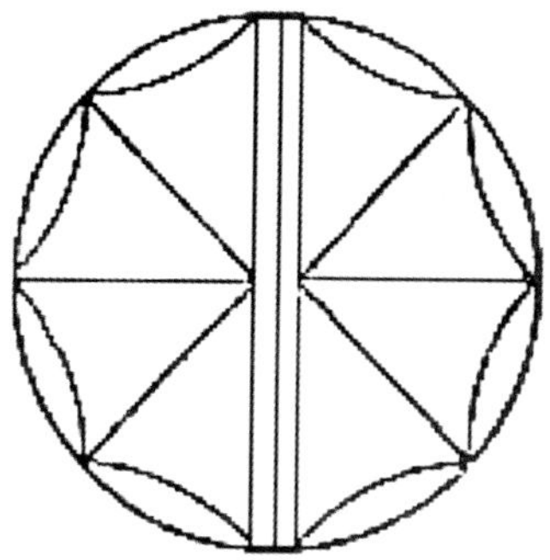

轮船烟囱的烟

有可能。

如果风与船既同向又同速，对于船来说，就和没有风船停着不动时冒烟一样，烟会笔直上升。

画中的窗户

有可能。

如果画家在房子的墙上画壁画，那么房子的窗户就成为画里的窗户了。

奇怪的孪生姐妹

甲没有撒谎。

姐姐是在 2001 年 1 月 1 日出生在一艘由西向东将过日界线的客轮上，而妹妹则是在客轮过了日界线后才出生的。那时的时间还是处在

2000 年 12 月 31 日。所以，按年月日计算，妹妹要比姐姐早 1 年出生。

买票的经历

地铁票分为 5 元的联票和 3 元的普通票两种，甲拿的是一张 5 元的纸币，因而会被问买哪种票。后面那个人虽然也拿了 5 元，但不同的是，他手里拿着一张 1 元和两张 2 元的纸币，不用问肯定是联票。如果他要买普通票的话，就不必再拿另一张 2 元的纸币了。

财主的办法

水面一点儿也不会升高，反而会略微下降一点。因为冰块融化后水的体积要比它排开水的体积还小一点。水结成冰之后，体积总会变得大一些。因为在实际当中，冰的密度比水要小一些。在冬天，装满水的瓶子结冰之后，瓶子往往会被涨破就是这个道理。

到底有多少水

把水桶半倾，如果水盖不住桶底又没有溢出来，说明少于半桶；如果持平，则表明刚好是半桶；如果水溢出来，就表明水多于半桶。这是根据圆柱体体积特点来确定的。

马克·吐温的玩笑

马克·吐温寄的是一本字典。牧师讲的每一个字，字典里都有。

邻居的恶作剧

乙，即寄信人先用铅笔在收信人地址处写上自己的地址，然后随便在信封里装一张纸把信寄出去。等第二天信寄回自己家后，他用橡皮擦掉自己家的地址，再用钢笔写上甲的地址，第二天再把当天早上的报纸装到信封里，封好直接丢到甲的信箱里就能引起他的误解了。

国际汽车大赛

仍然是 12.56 米。因为外轮与内轮的间距为 2 米，所以不论怎样的圆周，差距都是外侧圆周和内侧圆周的直径差乘以圆周率，即 $4\times\pi(3.14)\approx12.56$，直径差是不会发生变化的，因而周长差与圆的直径大小无关。

客人喝咖啡

一杯咖啡。

不要被题目中的条件限制住了思维，客人后来喝的都是水，或者确切地说，是咖啡中的水，而不是咖啡。他从始至终，只喝了一杯咖啡。

寻找出发点

他的出发点在北极。

法式小饼干

甲一共有15块饼干。乙得到7.5＋0.5，即8块饼干，还剩下7块；丙得到3.5＋0.5，即4块饼干，还剩下3块；丁得到1.5＋0.5，即2块饼干，还剩下1块；最后一个朋友得到0.5＋0.5，即1块饼干，而甲则一块也没有了。

这个问题单凭直觉来判断也许有点困难，但是如果要用数学方程来解决的话则会更加麻烦，相比较而言，还是靠直觉来得简单一些。不过这需要一个逐步判断的过程。

朋友的笑容

丙每次都在前一次的基础上降价20%，所以，最后的售价是563.20元。凭直觉，大家肯定看出了前几组数据之间有一定的联系。只要找出这个联系，这个问题就非常简单了。

渎职的警察

你一定想，车开进了人群，会出人命的，警察怎么这么不负责。可是题中并没有说汽车司机开着车呀！在日常生活中，提到汽车司机，人们的头脑中就会出现司机驾驶汽车的形象，所以，好多误解是我们没有认真看题的结果。汽车司机步行也是可以的，如果他步行着走进人群，全速向前跑，警察当然不会管了。

最后一个点

有可能。如图所示那样画直线，就剩下“点”这个汉字了。解答这个问题需要一瞬间闪现出来的灵感。如果觉察到17个点的位置的重要性，就能找到解决问题的线索了。

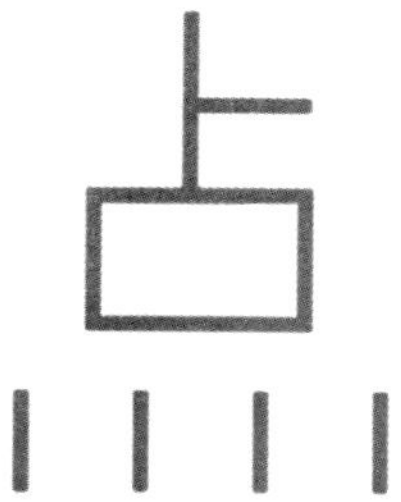

分蛋糕的伙计

如果运用常规思维我们也许真的无法解决这一难题，但是聪明的伙计进行了非常有创意性的思维。他先将 9 块蛋糕分装在 3 个盒子里，每个盒子放有 3 块蛋糕，再把这 3 个盒子一起放在 1 个大盒子里，再用包装带扎好。

转告广告牌

能。用汉语转告就行。题目中已经给出了一个明确的条件，就是四个人都是土生土长的中国人。

升斗的妙用

用升斗斜着量就可以做到。

我们使用量杯或升斗时，常习惯于平直地计量体积，但可能从没想到改变一下升斗的摆放测量方式，把升斗歪斜使用、改变虽然很小，却是打破习惯和思想解放的表现。

无法跨过的铅笔

放在墙边。

回答这个问题的时候，人们的思维很容易被“打劫”，一下子大脑空白，没了主意。跨过一支铅笔，这是连两岁的孩子都能做到的事情。那么我们就要选择灵活的思维方式来设置一个真正无法让人跨过的障碍。

紧急避免的车祸

漆黑的马路是公路的颜色，当时是白天。

当看到这道题中“漆黑”两个字的时候，人们理所当然的就把它认为是用来形容黑夜的，但是出题者就是在这里给我们的惯性思维打出了一颗闪亮的信号灯。

奇怪的折纸

答案是 1 厘米。把 1 厘米厚的火柴盒扯开铺平后再思考的话，就很容易明白了。回答这个问题也需要靠直觉，从日常生活中汲取灵感是强化直觉判断力的重要手段。

只买一种鱼饵

一种鱼是另一种鱼的饵料，甲的爸爸只需买一种鱼的饵料就行了。鱼或某些动物，成为别的鱼或其他动物饵料的种类总是相对较多。因此其存在总数就多，越强大的动物成为食饵的可能性越小，所以它的数量也就越少，这是自然规律。

神秘之物

这个东西就是用于表示日期的数字“1”。“1 号”之后没有带“1”的日期，直到 9 天后“10 号”出现。再之后直到“19 号”为止都带“1”，在“19 号”之后来了个“20 号”，两天后到“21 号”，再一次出现“1”，然后一直到 10 天后的“31 号”或“1 号”。一年只有 2 月份的日子少，所以一年中只有一次是 8 天或 9 天后又再现“1”。

聪明的囚犯

囚犯说的话是：“你一定砍死我。”国王听了左右为难，因为如果真的砍了他的头，那么他说的就成了真话，而说真话的应该被绞死；但是如果要绞死他的话，他说的话又成了假话了，而说假话的人是应该砍头的。

绝妙的办法

甲从自己家中，用幻灯机把“违章建筑”4 个字打到隔壁房子的木板上，这么一来，只要这个木板不拿走，无论采用什么办法，这 4 个字都不会消失。

照片上是谁

如果你的答案是“照片上的人是他自己”，那你就错了。你可能会这么想，他既没有兄弟，又没有姐妹，他父亲的儿子，当然是他自己。这里，你错误地接受了心理暗示，而没有仔细看条件。根据条件，他父亲的儿子，也就是他，并不是照片上的男人，而是照片上的男人的父亲，也就是说，他是照片上男人的父亲。因此，照片上的男人，是他的儿子。

隧道里的火车

两列火车在不同的时间里驶入隧道。

按惯性思维，列车从相反方向以最高速度驶入单行隧道，它们是不可能不相撞的。但是，我们利用一下创新思维，注意一下命题中所给的时间限制是“一天下午”，一个下午的概念是六个小时，从中我们可以得到答案，两列火车到达隧道时的时间是不同的。

包裹里的戒指

先把包裹分成 3 个一组，取其中两组称。

如果秤上有一组比较重，那么戒指在这三个包裹的一个里面；如果秤上两组一样重，那么戒指在另外三个包裹的一个里面。然后在三个包裹里取两个摆到秤上称，如果有一个比较重，那么戒指就在这个包裹里；如果两个一样重，那么戒指在不在秤上的那个包裹里。

哥哥的特异功能

因为每次猜之前，哥哥总会说："小弟，你别装睡了……"所以如果哥哥没猜中，睡觉的弟弟也不会知道；而当弟弟装睡时，自然也就可以听到哥哥的话了。

奇怪的比赛

因为甲跑的是接力赛的第一棒。他率先冲出起跑线，半途也没有被人超越。但是，即使他们队拿到冠军，甲也不可能第一个冲过终点线。

有趣的环球旅行

没道理。因为飞机越过南极和北极之后，就会改变方向。

妈妈的好办法

能。

将香蕉、苹果、草莓做成饮料，这样3个人就可以喝到等量的3种水果的混合饮料了。要考虑到物质形态的相互转化，这种思考方法是训练直觉判断力的基本要求。

孤独的沙漏

甲是宇航员，这回的工作地点是失重的宇宙空间，沙漏计时器无法使用。被语言所迷惑，就有可能看不清事物的本质。如果能做到不受"沙漏计时器""刷牙"等日常生活用语的束缚，凭借直觉判断力就能答出此题。

沙漠中的商队

45分钟。一开始人们往往容易理解为5×10＝50，应听到50分钟骆驼的惨叫声。但是实际上只听了45分钟。因为烙了9头后，剩下的一头不用烙就能与其他骆驼区分开来了，所以，只需在9头骆驼身上烙印即可。

巧妙的过河法

先把狗带到对岸，然后返回，把一只小羊带过去，顺便把狗带回原岸，把另一只小羊带到对岸。然后再返回，把狗带过去。

剩下的蜡烛

3根。就是那被风吹灭的3根，其他的都烧完了。

购买什么物品

眼镜框。如果不戴隐形眼镜，就不能确定买的镜框是否合适。

下水道井盖

圆形的盖子绝对不会掉进下水道。如果是正方形或三角形在盖盖子或开盖子时都会有掉进下水道的可能，如图所示。许多我们平时看惯了的形状，实际上都隐藏着非常重要的意义和法则。比如说，铅笔做成六角形，是为了防止在桌面上滚动。用敏锐的眼光去透视这些形状的意义，就能在日常生活中获得很多的智慧。

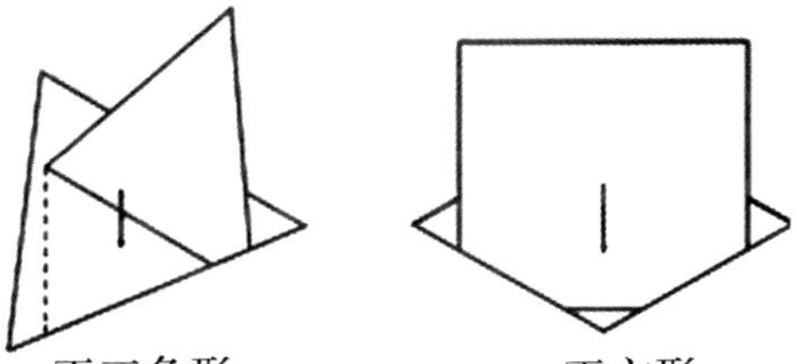

正三角形　　　　正方形

现代斯芬克斯之谜

在0和1之间加进一个小数点，使它变成0.1。

汽车巧过桥

用比桥面长的钢索，系在前面与后面的两辆汽车之间，这样二者就不会同时压在桥上，便可以顺利通过大桥。

猜准扑克牌

掀开看。只要没有所谓的特异功能，不掀开看是不可能猜中的。也许你会从“一猜就中的方法”这些字眼着手考虑，可是，问题里并没有给这些条件。要回答这种一眼看上去凭直觉便知道是不可能的问题，关键是找出回答它的条件。

取胜的方法

用笔在书的侧面画一条直线就可以了。这样，也就相当于在书的每一页上留下一个点了。

裁判的办法

两人交换他们的马。

孙膑的办法

孙膑说：“大王，我没有办法让你自己从山脚下走到山顶上去。可是，让你从山顶上走到山下来，我倒有绝好的办法。”齐威王不信，就与大臣一起走到山顶。这时，孙膑才说：“大王，请恕我冒昧，我已经让您自己走到山顶上来了。”这时人们才恍然大悟。

井底之蛙

8次。

不要被题中的枝节所蒙蔽，每次跳上 3 米滑下 2 米实际上就是每次跳 1 米，因此 10 米花 10 次就可全部跳出，这样想就错了。因为跳到一定时候，就出了井口，不再下滑。

分油的妙计

让这两个瓶子浮在水面上，将油彼此互倒，直到两个瓶子浮在水面的高度相等时，油也相对被均分。

怎样捡出球

甲只要让俱乐部的场地管理员通过附近的水管把洞里灌满水，这样网球就会浮出水面了。

脚印的秘密

甲看见了有很多进去的脚印，却没有出来的，所以就不进去了。

第二部分

观察判断力训练

通常情况下，判断是离不开观察，观察是作出判断的基础。对事物进行细致的观察，不但有助于人们全面了解事物的本质，也有助于人们做出正确的判断。而且在观察的基础之上作出正确的判断还是一种必需的判断能力，即观察判断力。

培养细致敏锐的观察判断力是启动大脑，训练智力的重要内容。本章内容里既有检验大家在日常生活中对周围事物观察的细致程度的，也有训练大家对平面视图的判断力的。

最多的交点

我们都知道两条直线相交于 1 点；三条直线最多可以相交于 3 个点；四条直线最多可以相交于 6 个点。

如下图所示的 5 条直线相交于 9 个不同的点。你能否画出 5 条直线交于 10 个点？5 条直线最多可以相交于几个点呢？

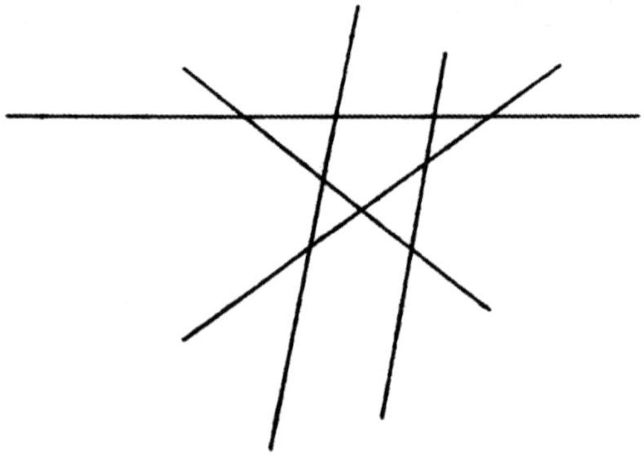

培养系数：★★☆☆☆

楼房和正方形

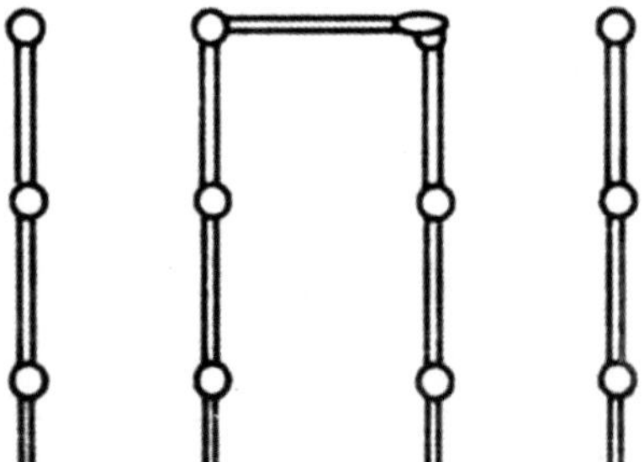

甲和朋友乙在阳台上玩火柴游戏，他看见窗外的楼房，就用火柴摆了两个楼房的模型，如左图所示。乙看后对他说："移动其中的 4 根火柴，就能让这个大楼房变成两个不一样大的正方形，你知道怎么移动吗？"

甲犯了愁，你知道应该怎么移动吗？

培养系数：★★☆☆☆

玻璃钢和鱼

4 根火柴做成了一个玻璃缸，玻璃缸里面是一块鱼形的糖。现在你只可以移动两根火柴，就要使这条小鱼在玻璃缸外。

怎么办？试试吧！

培养系数：★★☆☆☆

不同的天平

下图中有 7 座天平，其中一座与其他 6 座不同，区别不在于形状，而在于黑砖、白砖的重量。

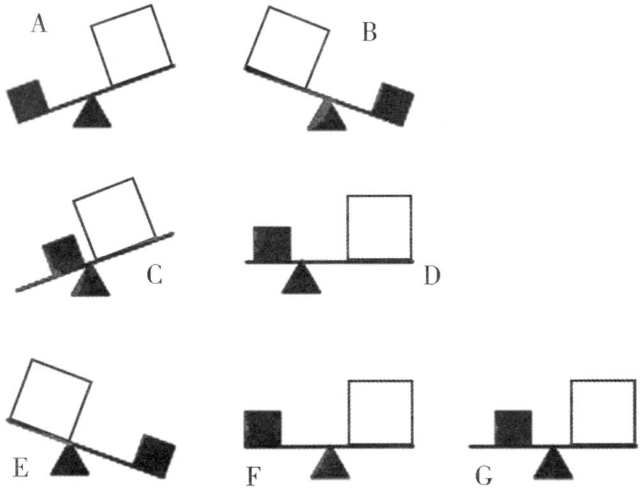

你能找出是哪座吗？

培养系数：★★☆☆☆

异样的立方体

在图中的4个立方体中，有3个是完全一样的，另一个有点异样。你能把这个异样的立方体找出来吗？

（1）　（2）　（3）　（4）

培养系数：★★☆☆☆

哪个装水多

如图所示，有两个水壶，它们的底面积和高度都相等。现从上方往壶中注水。

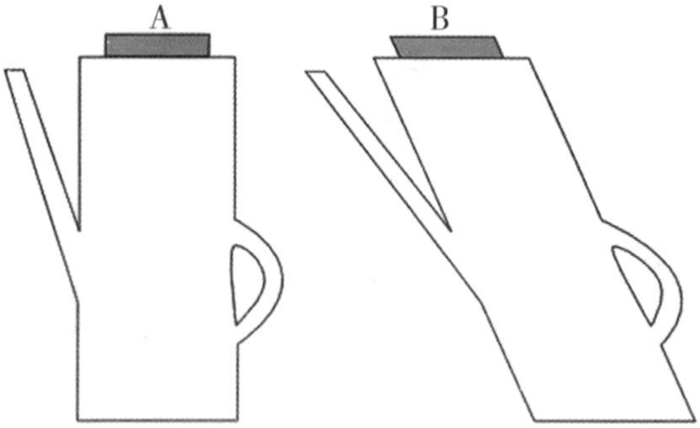

请问，哪个壶装的水更多？

培养系数：★★☆☆☆

隐藏的五角星

图中有颗漂亮的五角星，你能找到吗？

培养系数：★★☆☆☆

立方体的分割

有一个六面全是黑色的立方体，有人从纵横方向将它均匀分割成 27 个小的立方体。

符合下列条件的小立方体各有多少？

（1）3 面黑；

（2）两面黑；

（3）1 面黑；

（4）无色。

培养系数：★★★☆☆

十字图形

仔细观察图，想一想接下来该是哪个十字图形？

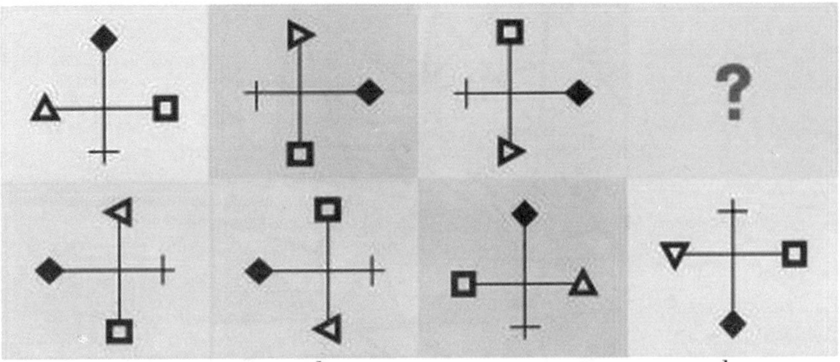

a　　b　　c　　d

培养系数：★★★☆☆

螺旋巧变形

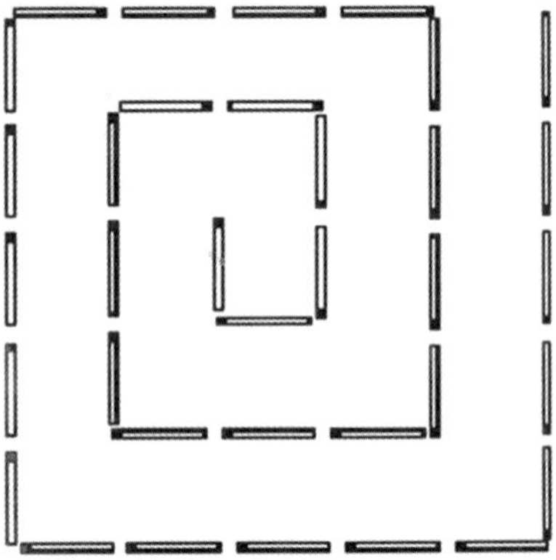

用 35 根火柴摆成如图所示的螺旋，你能移动 4 根火柴使其变成 3 个正方形吗？

培养系数：★★☆☆☆

房子变正方形

取出 11 根火柴摆成如图所示的房子，请你重摆两根火柴把它变成 11 个正方形，或重摆 4 根火柴把它变成 15 个正方形。

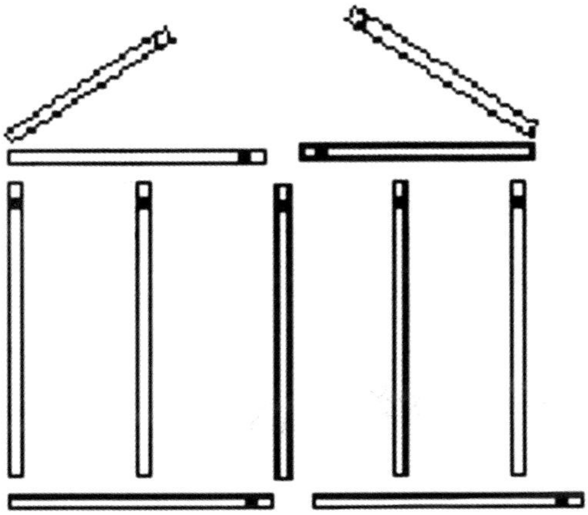

培养系数：★★★☆☆

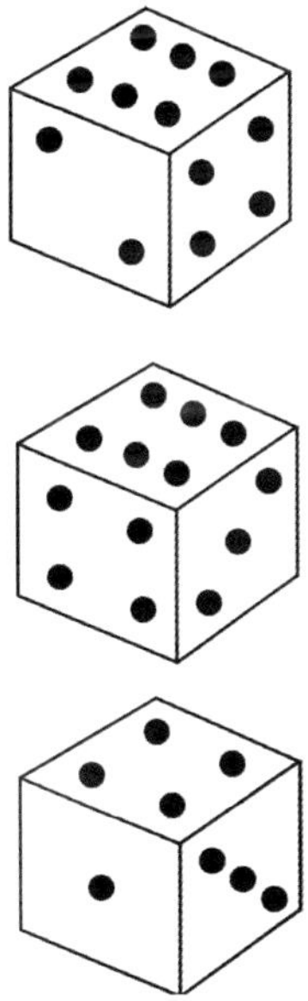

背面的小黑点

左图为一个立方体的三个不同角度的 3 张照片。

你能根据这几张照片，判断黑点数为 2 的背面有几个小黑点吗？

培养系数：★★☆☆☆

多少个三角形

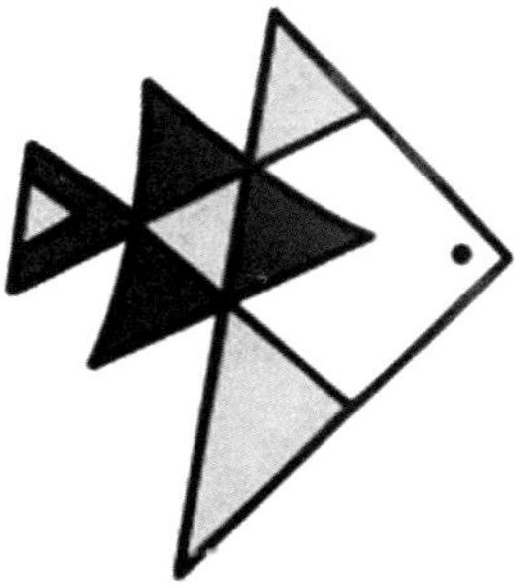

你能数清如图所示的组鱼形图案中有多少个三角形吗？

培养系数：★★☆☆☆

哪张牌放错了

甲把 9 张黑桃扑克牌按照下图的样子每 3 张分成 1 组，可是其中好像只有 1 张牌放错了。

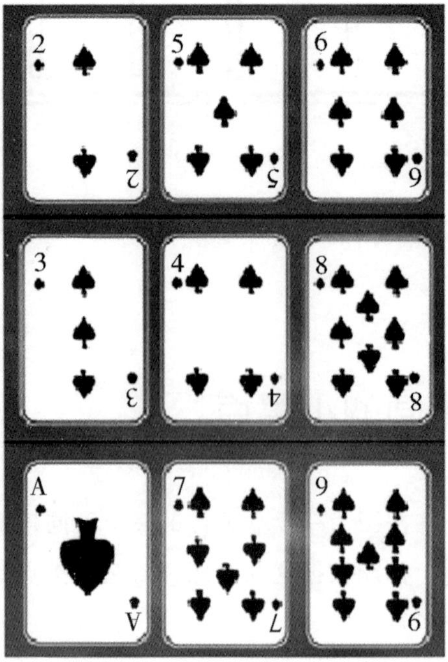

你知道是哪张牌吗？

培养系数：★★☆☆☆

回答是非题

有甲、乙、丙三人回答同样的 7 个是非题。按规定：凡答案是“是”，就打上一个“○”，答案是“非”，就打上一个“×”。

结果发现，这 3 个人都答对了 5 题，答错了两道题。甲、乙、丙三人所答的情况如图所示：

	1	2	3	4	5	6	7
甲	×	×	○	×	×	×	○
乙	○	×	×	×	×	○	×
丙	○	○	○	○	×	○	○

那么，正确答案是什么呢？

培养系数：★★★☆☆

老鼠偷点心

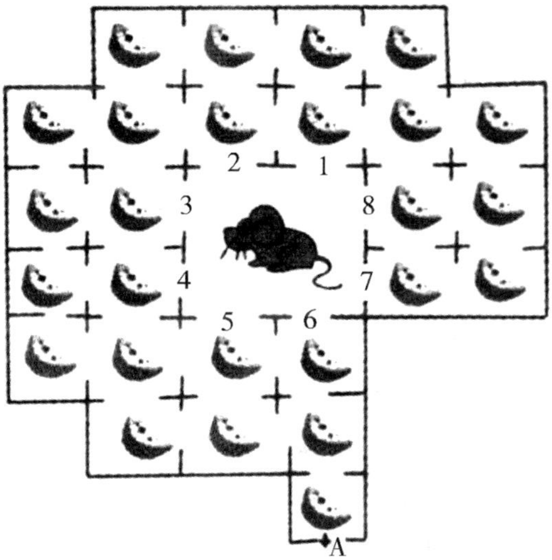

如右图所示，每间房子里都有一块甜饼。有一只老鼠想一次吃完所有的点心后，从 A 门出来。请问老鼠从 1—8 中的哪扇门进去，才不走重复路线？（每间房只允许进出各一次，并且不许从同一扇门进出。）

请你帮这只老鼠想一想该怎么走？

培养系数：★★★☆☆

该封哪道门

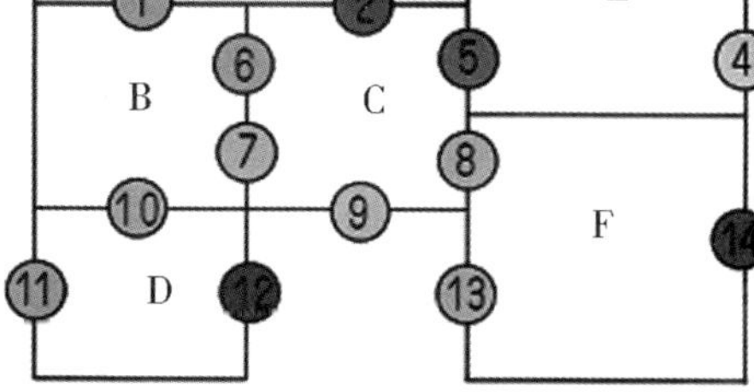

甲新近管理的一个小型展览会共有 6 个房间、14 道门，外围又有一条走廊，如图所示。他有一个习惯，每晚临睡前要把所有的门都锁上。他喜欢这样做：从接待室里起步，每一道门通过一次，并随手把通过的那道门锁上。

这样，当他锁上最后一道门的时候，正好进入卧室。不过，从图上看来，现在还办不到，必须将其中一道门封死才行。

请问，甲的接待室是哪间？卧室又是哪间？该封死哪道门？

培养系数：★★★☆☆

识别纯金台秤

这里有 5 座相同类型的台秤，其中一个台秤的摆针是用纯金制成的，假定除了摆针，5 座台秤的材料全部相同。在不允许把台秤拆开，也不许使用其他台秤的情况下，请用最简单的方法找出那个摆针由纯金制作的台秤。

请问，应该怎么做？

培养系数：★★★☆☆

最佳路线

某乡管辖 21 个村庄，分布如图所示。每个村分别用数字表示，连接的线表示村与村之间的道路。有一次开紧急会议，通讯员从乡政府出发，到各村去通知。

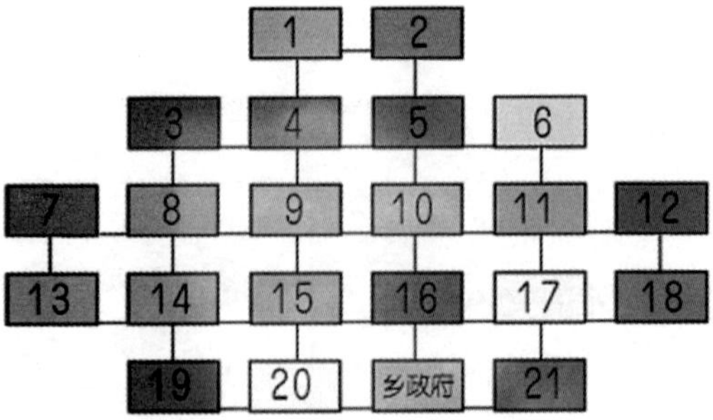

你能设计出一条最短且不重复的路线吗？

培养系数：★★★☆☆

纸板上的小洞

一个谜题大师为了对自己的能力加以证明，他向人们展示了一张正方形的纸板，在纸板上偏离中心的位置上有一个小洞，如右图所示。

他一边展示，一边说："通过将这张纸板剪成两部分，并且将这两部分重新排列，我就能把这个洞移到正方形中心的位置上。"

你能想出他是怎么做的吗？

培养系数：★★★☆☆

巧妙地处决犯人

古埃及的一个皇帝处死犯人的办法就是让狮子把犯人们吃掉。有一次，他要处决 36 个囚犯，让他们被角斗场里的狮子吃掉。狮子每天吃 6 个人，而皇帝对囚犯中恰有 6 个人恨之入骨，但他又想表现得公正无私。

按照一个传统的处决犯人的办法是第十人处决法：让犯人排队，从一数到十，处决第十个犯人。

如果皇帝让那些囚犯围成圈，那他应该如何安排这 6 个人的位置使他们都在第一天被狮子吃掉？

培养系数：★★★☆☆

木头的体积

下图为木匠师傅要锯掉的一块木头。仔细观察它的构造。请问，这块木头的体积是大于还是小于 1 000 立方厘米？

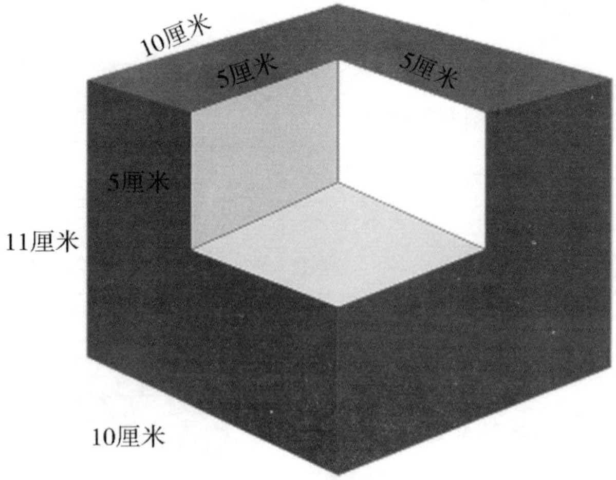

培养系数：★★★☆☆

哪块可以堵冰缝

图中有 27 块浮冰，一只小蜜蜂正在冰缝处四处观望。

你知道哪块浮冰能正好堵住这个冰缝吗？

培养系数：★★★☆☆

布娃娃换位子

某小朋友有 5 个布娃娃，被她称作老大的布娃娃想换一下自己在玩具柜中的位置，老二和气地说："我和你换吧！"

老三也喊道："我早就住烦了，我要搬家！"

老四说："那我和你换吧！"

布娃娃的位子如图所示：

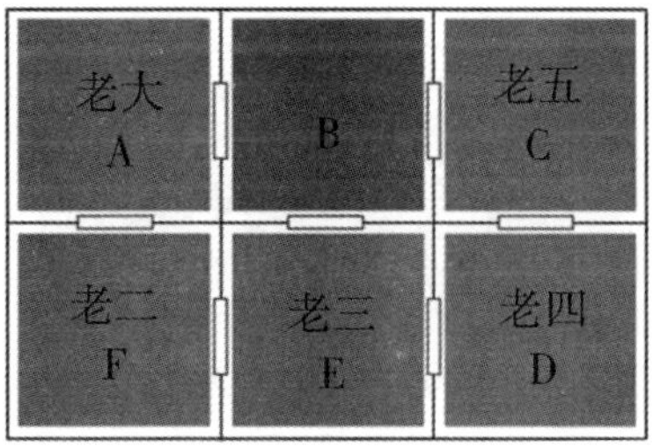

现在 6 个地方只有一个是空的，每个地方都留有门，换的时候只许从门进出，且不能在一个地方挤两个布娃娃。

这些玩具该怎样换呢？

培养系数：★★★☆☆

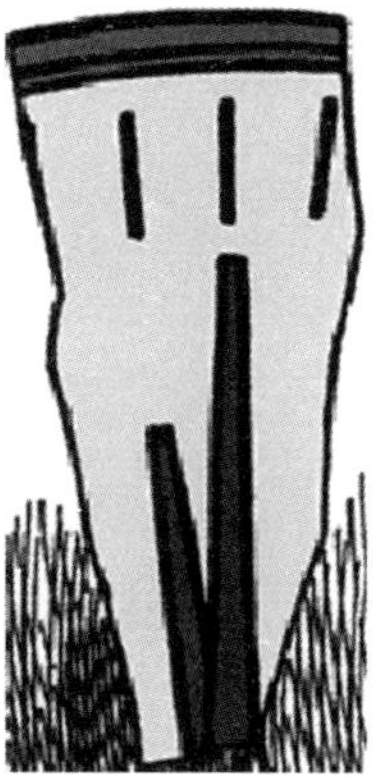

一个破损的钟

办案人员在犯罪现场找到一个被损坏得不成样子的钟。从钟的残片中可以看出长针和短针正好分别指在某个刻度上，如图所示，长针比短针还快 1 分钟。除此之外无任何有价值的线索。

你能根据这点判断下当时的时间是几点几分吗？

培养系数：★★★☆☆

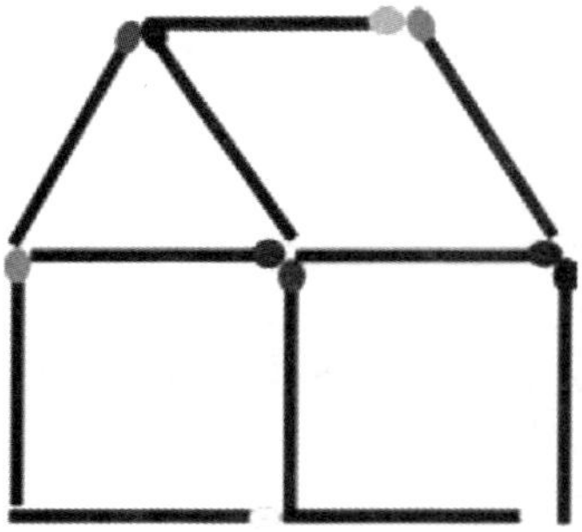

使房子朝向另一面

用 11 根火柴搭好左图这座房子，然后，只移动 1 根火柴，就能够搭成房子朝向另外一面的样子。

你想出来怎么移了吗？

培养系数：★★☆☆☆

管理员的钥匙

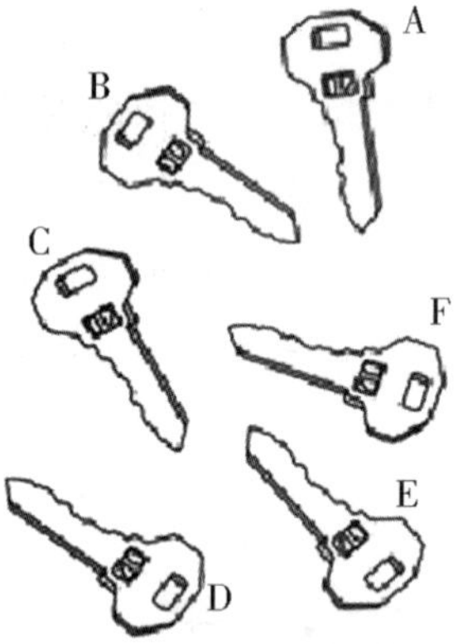

一位小朋友的爸爸是动物园的管理人员。一天，小朋友不小心把爸爸动物园大门的钥匙和其他钥匙弄混了。

已知大门钥匙是两把相同的钥匙，你能尽快从图中的一堆钥匙中将它们找出来吗？

培养系数：★★☆☆☆

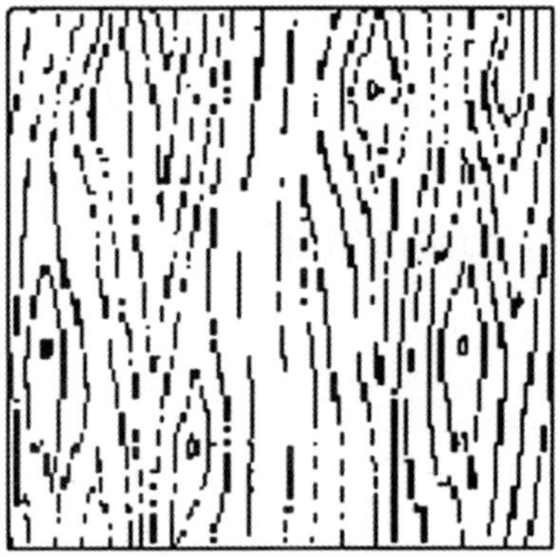

巧测木材直径

左图是制造胶合板的薄木板，它是从圆木料上切下的，尺寸为 150 厘米×150 厘米。此圆木料的直径约多大？

培养系数：★★☆☆☆

正方形的面积

一个边长为 5 厘米的正方形，它的内部还有一个正方形，如图所示。

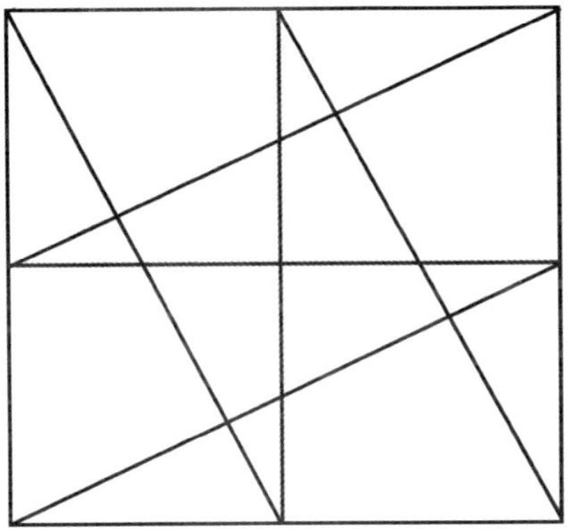

你能快速说出中间那个正方形的面积吗？

培养系数：★★★☆☆

不同的走法

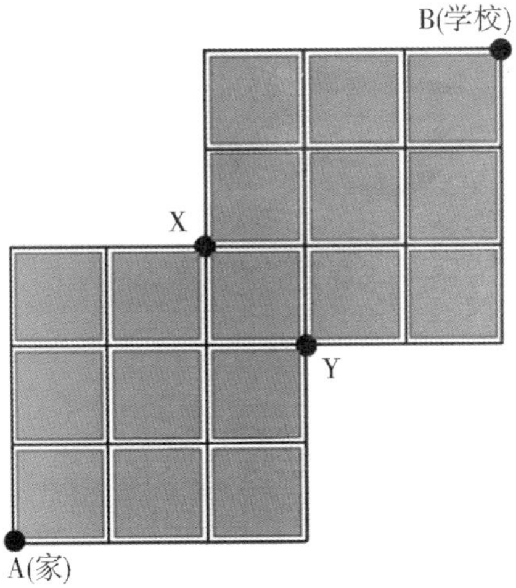

右图是一张街道道路示意图，一个小朋友的家住在 A 点，学校在 B 点。每天，这个小朋友走最近的路线去上学(不走回头路)。

请问，一共有多少种不同的走法？

培养系数：★★★☆☆

完全相同的酒瓶

下图中的 24 个酒瓶里，哪对是完全相同的呢？

培养系数：★★☆☆☆

奇怪的图形

你认为需要多少块木板才可以制成如图所示的图形呢？

培养系数：★★☆☆☆

巧拿火柴游戏

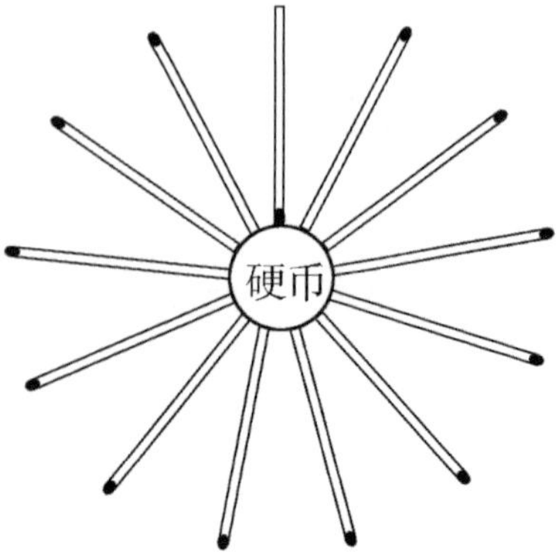

拿出 13 根火柴和一枚硬币（棋子或其他任何圆物）。把 13 根火柴均匀地围绕硬币摆上，如图所示，有一根火柴头部必须朝向硬币。

请你最先拿去一根火柴，然后围绕硬币拿数到的第 13 根火柴，直到剩下 1 头朝硬币的那根火柴为止。

第 1 根火柴应拿哪一根？

培养系数：★★★☆☆

掷硬币走步

反复掷一枚硬币。

如果出现的是正面，图中的人就向右走一格；如果是反面，则向左走一格。

掷硬币很多次以后，比如 36 次之后，你能够猜到这个人离起点多远吗？

你能说出这个人最后会回到起点的概率（假设他一直走）吗？

培养系数：★★★☆☆

考考自己的眼力

在图中的 A、B、C 三幅图中有两幅图可以组成与“样图”一样的图案，你能迅速找出是哪两幅吗？

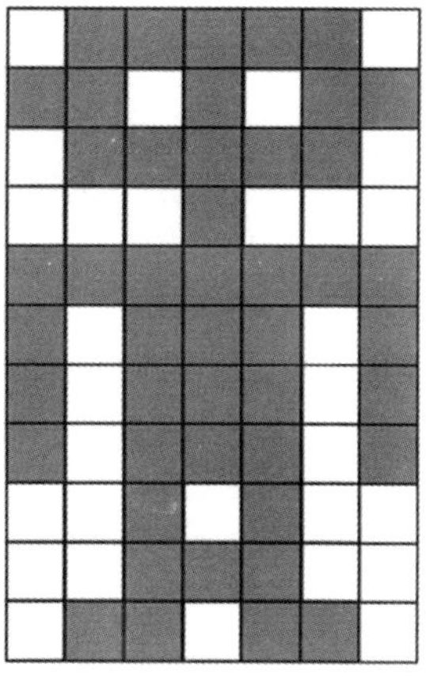

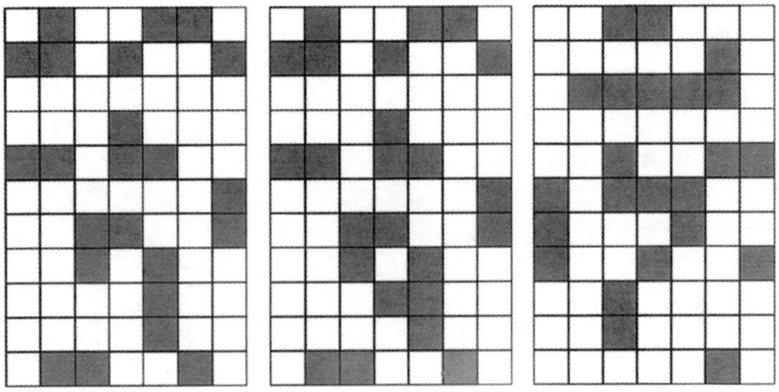

A　B　C

培养系数：★★☆☆☆

快速识别图形

图中图形之间都有关联的地方，但有个是与众不同的，你知道是哪个吗？

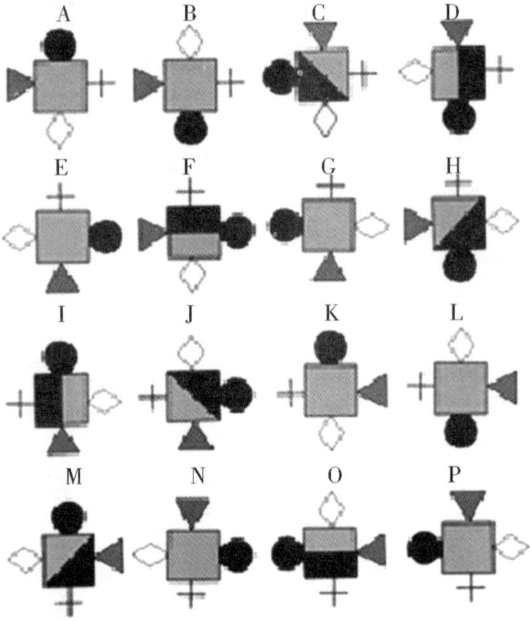

培养系数：★★☆☆☆

巧识废挂历

在某个印刷厂的后院里，扔了一大堆明年的挂历。一个工作人员随意看了一眼便说道："原来是废品。"废挂历按图所示的样子捆绑着，这个工作人员既没有碰，也没有一一去翻。

你知道为什么他能断定是废品吗？

培养系数：★★☆☆☆

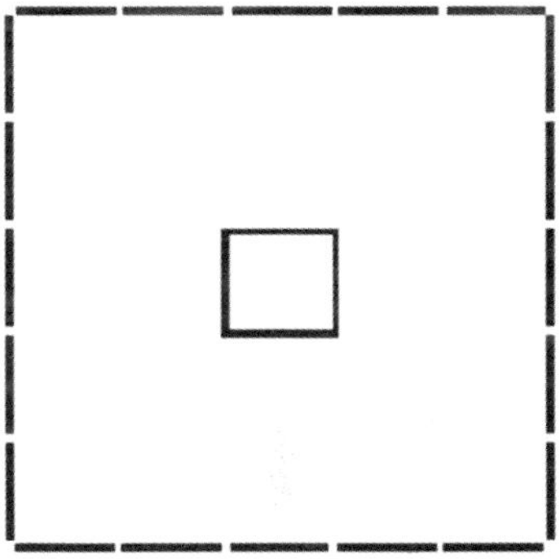

搭桥进入堡垒

取出16根火柴摆成如图所示的堡垒，堡垒四周围着深沟，它的宽度为一根火柴杆。

如果有两块长度等于沟宽度的木板，怎样搭桥过沟进入堡垒？

培养系数：★★★☆☆

能穿洞的立体物

如图所示，在一块厚板上有4个洞，当一个立体物穿过这些洞时，不论是哪个洞，都能没有缝隙地正好穿过。

请问，这个立体物究竟是什么东西？

培养系数：★★☆☆☆

火柴摆正方形

一共有 12 根长度相同的火柴。不准折断，最多可以组成几个正方形？

培养系数：★★★☆☆

阴影比大小

请你仔细观察后回答，如图所示的两个图片中，哪个的阴影部分大些？

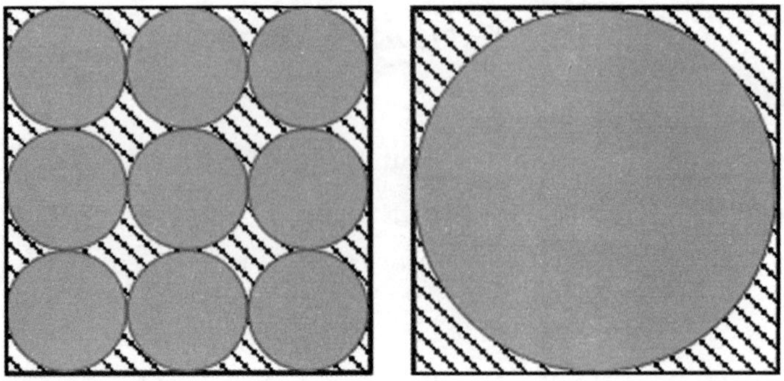

培养系数：★★☆☆☆

答案及解析

最多的交点

要使交点的数目最少并不难：让所有的线都平行。而要交点的数目最多就要难得多了。两条线只能交于一点；3 条线交于 3 点；4 条线交于 6 点，以此类推。

经过反复的试验，你将会找到交点数目最多的解法。所有你需要做的就是避免让任意两条直线相互平行，那么最终任意两条直线都会相交，如图所示。

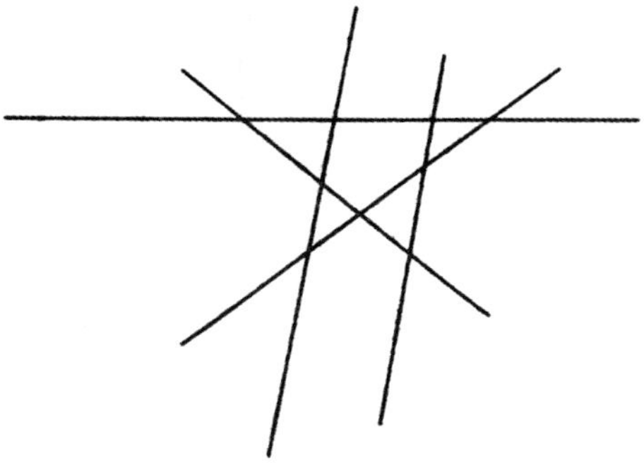

所以，对于 5 条直线而言，最多有 10 个交点。

楼房和正方形

答案如图所示。

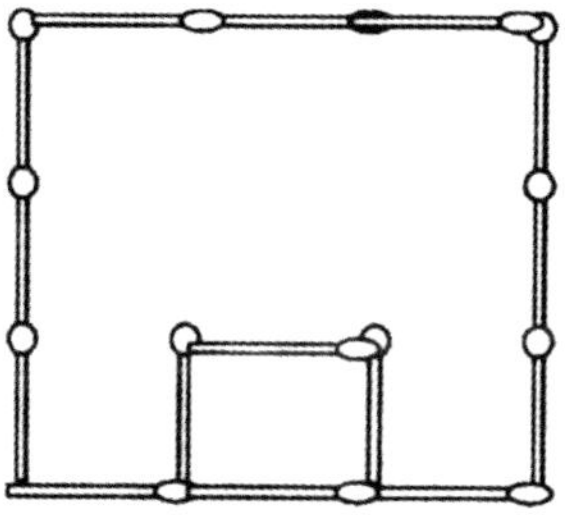

玻璃钢和鱼

详见图。

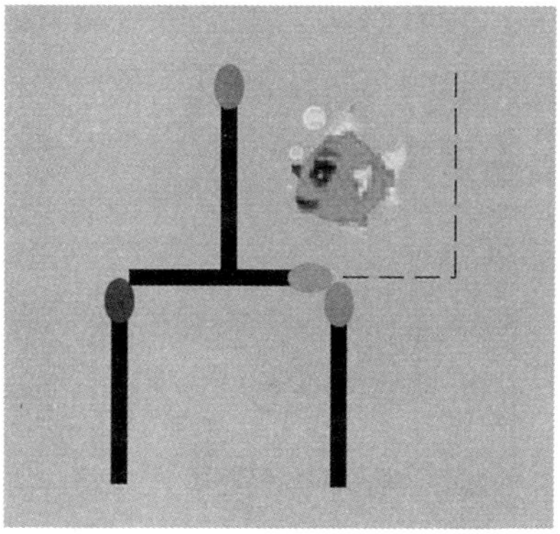

不同的天平

F。

根据 6 座天平所示的重量判断，应该是黑砖比白砖重，而 F 图画的黑砖和白砖重量相等因而是错误的。这个道题的关键在于找出黑砖和白砖之间的关系，并作出判断。

异样的立方体

注意每个立方体中 5 个黑点的

走向，如图所示。第一、第二和第三个立方体的 5 个黑点的走向都如图 A 所示，只有第四个立方体的 3 个黑点的走向如图 B 所示。因此，异样的立方体是第四个（图 C）。

A

B

C

哪个装水多

A 壶多。

因为 B 装到一半时便会倾倒。

隐藏的五角星

五角星的位置如图所示。

立方体的分割

（1）3 面黑的有 8 个；

（2）两面黑的有 12 个；

（3）1 面黑的有 6 个；

（4）无色的只有 1 个。

如下图所示，8 个角上的小立方体是 3 面黑，各面上有“0”的是 1 面黑，最中心的无色，仅有 1 个；剩下的都是 2 面黑。

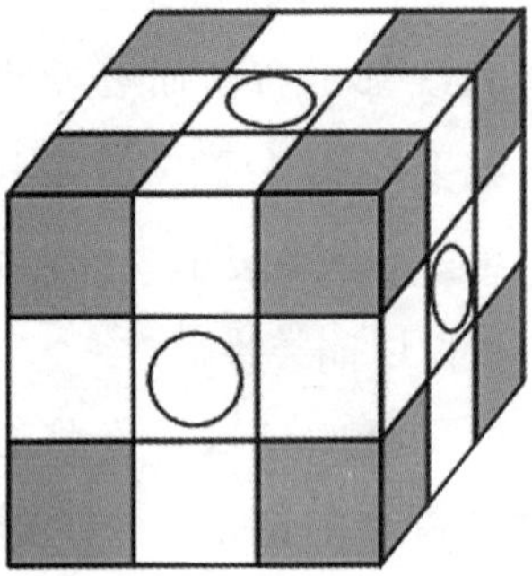

十字图形

答案为选项 d。

这道题的本意是观察、判断，找规律。只要找到了规律，这个问题其实十分简单。

螺旋巧变形

详见图。

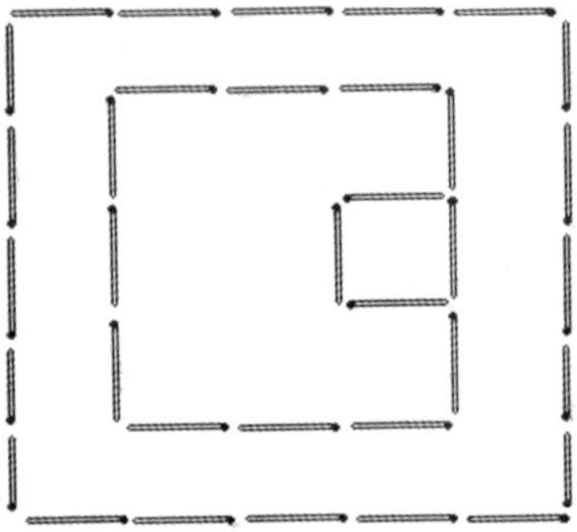

房子变正方形

见图。重摆两根如图（1），重摆 4 根如图（2）。

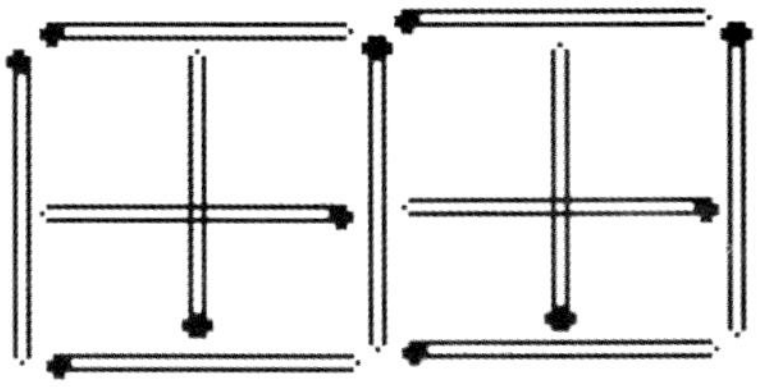

(1)

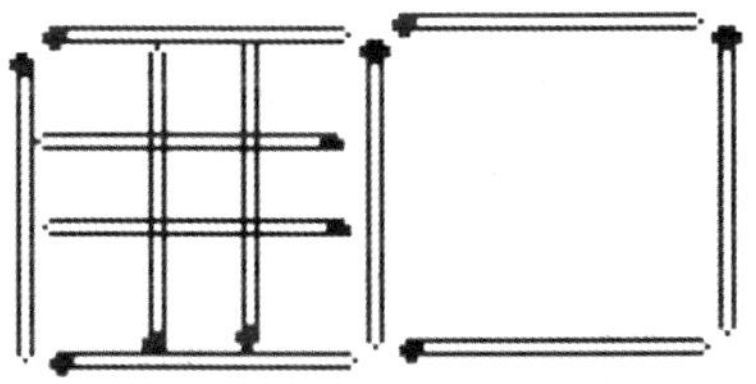

(2)

背面的小黑点

应为 4 个小黑点。立方体平面图展开如图所示。

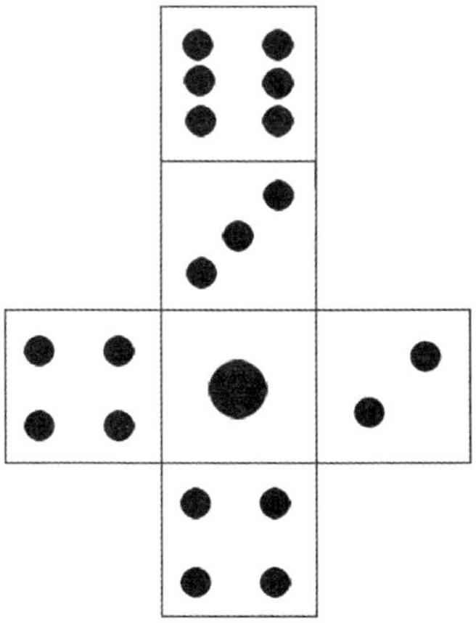

多少个三角形

10 个三角形。

哪张牌放错了

黑桃 7。

甲摆的牌，每一组桃柄向下的黑桃都要比反方向的黑桃多 3 个。所以断定黑桃 7 上下放反了。

回答是非题

由题中可知，5 个人都是答对 5 题，那么，我们可以两个人两个人地进行比较。对任何两个人来说，尽管他们答对的题号不可能全部相同，但至少有相同的 5 道题是大家都答对了的。

从题目所列表格推知，第 2 题、第 4 题和第 5 题，甲、乙两人都是答对的；第 1 题、第 5 题和第 6 题，乙、丙两人都是答对的；第 3 题、第 5 题和第 7 题，甲、丙两人都是答对的。

所以正确答案如图所示：

1	2	3	4
○	×	○	×
5	6	7	
×	○	○	

老鼠偷点心

老鼠从第 8 扇门进去，这样能一次吃完所有点心且路线不重复。其路线如图所示。

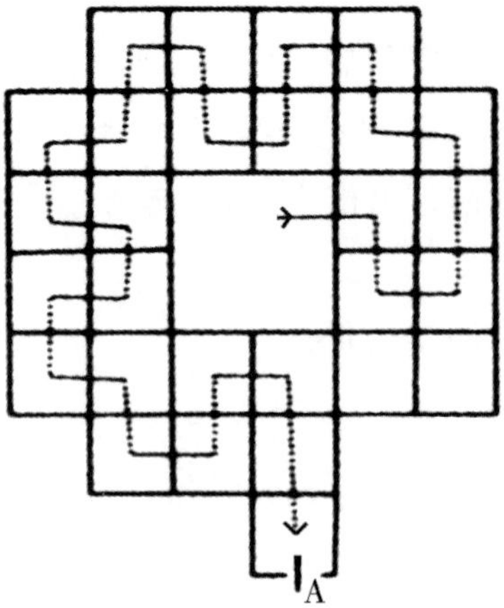

该封哪道门

从图中可见，在这 6 个房间中，每个房间至少有 3 道门。这说明每个房间他至少要经过两次。再从题目的意思来看，这 6 个房间中，只有两间（接待室和卧室）的门数是奇数，其余房间的门数是偶数，方能实现由接待室“出进出”，至卧室“进出进”。从图中可知，A、D、E、F 4 个房门各有 3 道门。

因此，我们必须把某一道门封掉，当封掉这道门后，使具有奇数道门的房间只剩下两个。不难看出，封掉 3 号门后，只有 D、F 两个房间是奇数道门，于是，甲就能实现关门的愿望。这时 D 和 F 分别是接待室（或卧室）和卧室（或接待室）。甲要实现关门愿望的路线有很多种，这里仅画出一种（以 D 为接待室），如图所示。

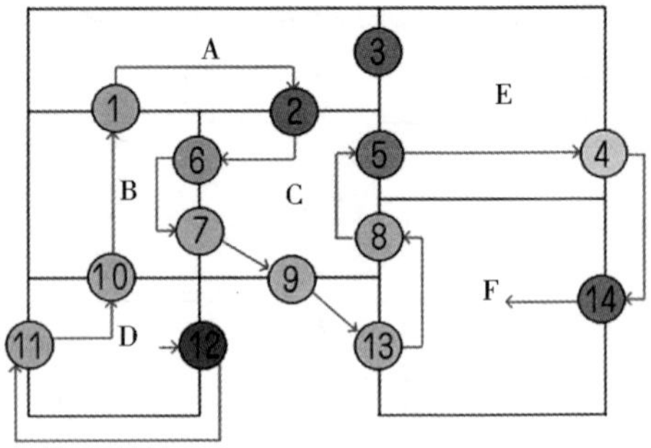

识别纯金台秤

把所有台秤倒置过来，摆针由纯金制成的台秤所显示的刻度会与其他秤不同。纯金制的摆针比其他摆针要重。当开始考虑怎样才能找出台秤的基座部分的重量差异的时候，就已经找到通向答案的途径了。

最佳路线

最佳路线是：乡政府—21—17—18—12—11—6—5—2—1—4—3—8—7—13—14—19—20—15—9—10—16—乡政府。

纸板上的小洞

沿 L 形的方向剪下正方形的一部分，然后将其向对角翻转，令有洞的部分居于纸张中心。

巧妙地处决犯人

求这个问题的通用公式困扰了数学家们几个世纪。而最好的解法是尝试。在 36 个人中，你应该把你的敌人安排在这些位置：4、10、15、20、26 和 30。

木头的体积

可以说大于，也可以说小于。因从图上看，棱长为 5 厘米的这一块不知是凹还是凸。多数人可能会以凹来计算，得到的答案是小于 1 000 立方厘米。

但不能断定这就是正确答案。当你仔细看时，又会发现这部分是突出来的。其实，这是一张视错觉图。

哪块可以堵冰缝

第 27 块浮冰。

布娃娃换位子

老三从 E—B，老二从 F—E，老大从 A—F；

老三从 B—A，老二从 E—B，老四从 D—E；

老五从 C—D，老二从 B—C，老三从 A—B；

老大从 F—A，老四从 E—F，老三从 B—E；

老二从 C—B，老五从 D—C，老三从 E—D；

老四从 F—E，老大从 A—F，老二从 B—A。

一个破损的钟

2 点 12 分。如图所示。短针的一个刻度相当于长针的 12 分钟。当短针正好指到某一个刻度上时，长针所处的位置是 0 分、12 分、24 分、56 分和 48 分，由此可以推断出结果。

使房子朝向另一面

详见图。

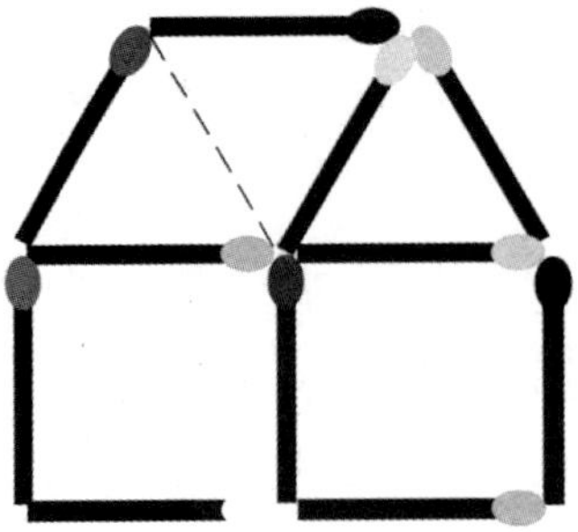

管理员的钥匙

B 和 D。

巧测木材直径

直接测量树节切处从胶合板的一边到另一边的距离，它约为整张胶合板的 2/3。

胶合板宽度 150 厘米，由此可知两切处的距离，或木料这一层的周边为 100 厘米，故厚木料的直径约 32 厘米。

正方形的面积

既然是用最快的速度，那就是要用简便的方法，所以我们就不要去一步一步地算了。从下面的图形我们可以看出，中间的正方形的四个边分别连接着 4 个不完整的正方形，那么我们就要想办法将这 4 个不完整的正方形补齐。

首先我们先看一看多余的那几块三角形，原来，它们正好能补齐这 4 个不完整的正方形，如图所示，那么，现在问题就很容易解决了！

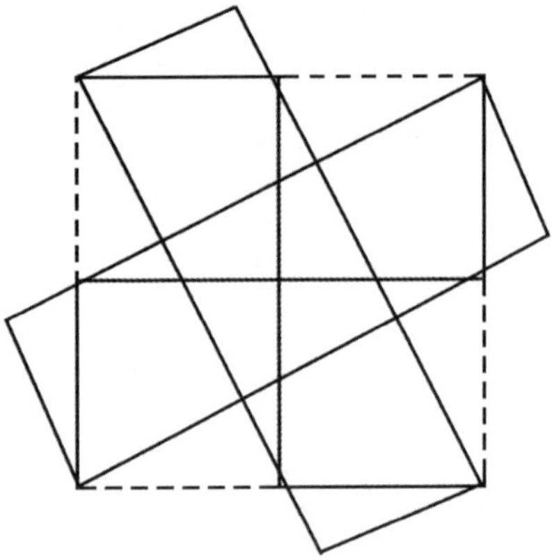

因此，中间正方形的面积是原来图形面积的 1/5，也就是 5 厘米。

不同的走法

我们将小朋友上学的路线分成两种情况：从 A 出发经过 X 到 B 和从 A 出发经过 Y 到 B。从 A 到 X 共有 10 种不同的走法。这 10 种走法是：

(1) 右、右、上、上、上；

(2) 右、上、右、上、上；

(3) 右、上、上、右、上；

(4) 右、上、上、上、右；

(5) 上、右、右、上、上；

(6) 上、右、上、右、上；

(7) 上、右、上、上、右；

(8) 上、上、右、右、上；

(9) 上、上、右、上、右；

(10) 上、上、上、右、右。

用同样的方法可求得从 X 到 B 也有 10 种不同的走法。因此，从 A 出发经过 X 到 B 的最近路线共有 10 ×10＝100 种不同的走法。

与上述情况相似，从 A 出发经过 Y 到 B 的最近路线同样有 100 种不同的走法。

所以，这个小朋友上学共有 200 种不同的走法。

完全相同的酒瓶

第三行最后一个与第四行左数第二个。

奇怪的图形

多少块也不可以，这只是一个设计有错误的图形，根本不能制作。

巧拿火柴游戏

先拿头朝向硬币的右绕第五根火柴（头朝向硬币火柴不算）。

掷硬币走步

根据概率论，在 n 次以后，这个人与中间起点的距离平均为$\sqrt{n}$也就是说，掷 36 次硬币以后，他离起点的距离应该是 6 格。

这个人最终回到起点的概率是 100%，尽管这需要经历相当长的时间。

一个非常有意思的问题就是："这个人从一边走到另外一边的概率是多高呢？"

由于题目中的路线是对称的，你很可能认为在一段随机走步中，这个人应该是一半时间在起点的一边，一半的时间在另一边，答案却恰恰相反，这个人从起点的一边走到另一边的概率几乎为 0。

考考自己的眼力

A 和 C。

快速识别图形

M 号图形。

巧识废挂历

挂历每月的日期一般分为 5 行书写，如果 5 行放不下，则把多出来的日期依次挤放在第 5 行下面。

但是如图所示，把 29 日和 22 日如此放在一起是绝对不可能的。所以能断定挂历是废品。

搭桥进入堡垒

详见图。

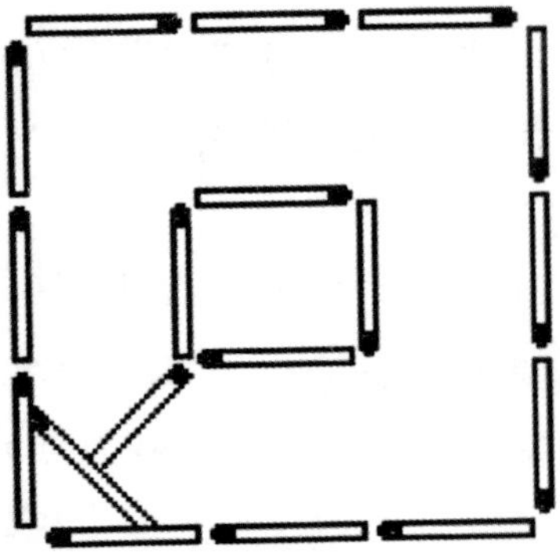

能穿洞的立体物

是用海绵做成的东西。如果被形状所束缚，就无法解答这个问题。另外“立体物”也是一个陷阱，因为立体物如海绵这类东西也是可以变形的。

火柴摆正方形

如图排列，组成 38 个正方形。

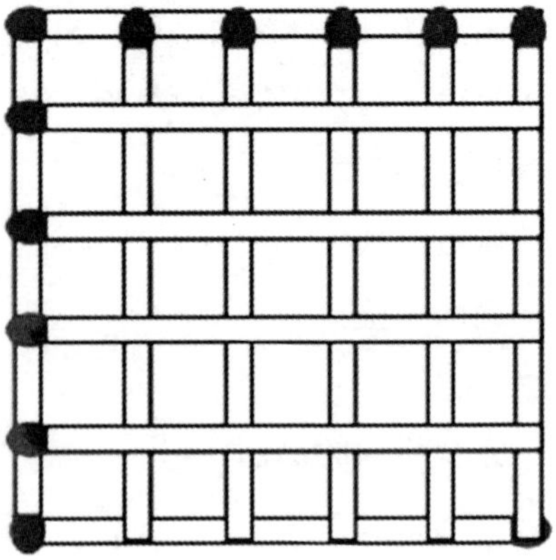

阴影比大小

两图的阴影部分一样大。

第三部分

类比判断力训练

所谓类比判断，是在不同种的事物之间进行概念含义上的比较与判断。由于是不同种的事物，所以它们的概念含义是不可能等同的，只存在相像或不相像的这两种情形。

不同种的事物也不好进行数量上的大小比较，比如5个恒星与3头牛，这种数量比较是没有意义的，数量大小的比较与判断，一般是在同种事物之间进行的，两头牛与六头牛，都是牛，就好比较大小了。当然，类比判断的对象也并不局限于具体的事物，它们也可以是抽象的东西，比如方法、概念等。

类比判断思维是解决陌生问题的一种常用策略。它能够让广大青少年充分开拓自己的思路，运用已有的知识、经验将陌生的、不熟悉的问题与已经解决了的熟悉的问题或其他相似事物进行类比，从而创造性地解决问题。

运动员的房间

1～10 号运动员都住在宾馆。一天晚上，4 号运动员的朋友来访，可是，不知道 4 号运动员住在哪个房间。服务员告诉他，1～10 号运动员住在 9～13 号房间，每两个运动员住一间。每两个运动员的号码之和正好是他们住的房间的号码，7 号运动员住在 10 号房间，请你自己去找吧。

请问 4 号运动员住在哪个房间？

培养系数：★★★☆☆

老虎和牛过河

三头牛和三只虎要渡过河去，只有一条小船，每次能运装两头过河，但不能空船回来，为了防止虎吃牛，在一边岸上的牛数不能少于虎数。

应该怎样渡？至少需要渡几次？

培养系数：★★☆☆☆

冰和水的体积

冰和水是物理上经常研究的对象。如果水结成冰时，体积增加了 1/11，那么冰融化成水，体积会减少几分之几？

培养系数：★★☆☆☆

还剩多少页

甲在书店买了一本工具书，有 200 页厚。他要用到书中从第 3 页至第 12

页共10页的资料，就把它们撕了下来。另外，书的第56页至75页共20页也有重要的资料，他又把它们撕了下来。

请问这本书还剩多少页？

培养系数：★★☆☆☆

4个小箱子

文娱晚会上，主持人拿出一个小箱子。这是一个特殊的箱子，箱子内还套有更小的箱子，一共有4个小箱子。

现在主持人在最小的箱内放4块糖，在最大的箱内放9块糖，剩下的两个箱内各放4块糖。主持人问参加文娱晚会的人，谁能重新分配糖块，使每个箱子内的糖块都是奇数？

谁分配对了，主持人就把这个特殊小箱子连糖一起送给他（她）作纪念品。

培养系数：★★★☆☆

聪明的小师弟

一位老师傅做首饰很有名。一天他把3个徒弟叫来说："这里有90件首饰，你们去卖，我给你们分好，大徒弟拿50件，老二拿30件，小师弟拿10件。卖的贵贱你们自己拿主意，但3人卖的价钱一样。最后你们3人都要交回50元。"

东西有多有少，怎么卖一样多的钱呢？两个大徒弟发愁了。小师弟却眉开眼笑："别愁，只要这样卖就行了。"三个徒弟真的各卖了50元回来，老师傅很满意。

小师弟的主意是什么呢？

培养系数：★★★☆☆

大小不一的香皂

周末，有人从超市里买来 15 块大小相同的小香皂。用 5 块小香皂可以制成 1 块大香皂，1 块大香皂用 28 天后会变成与未用过的小香皂一般大小。

请问这些香皂要用几天才能全部用完？

培养系数：★★★☆☆

空瓶换汽水

1 元钱一瓶矿泉水，喝完后两个空瓶可以换一瓶汽水。

如果甲有 20 元钱，最多可以喝到几瓶汽水？

培养系数：★★★☆☆

好人有好运

甲很穷，但他很善良，非常爱自己的女友。一天，甲来到一处偏远的海边捡贝壳，准备为自己的女友打磨一串贝壳项链。这时，他看到海边上漂浮着一艘出了事故的船。当他走进破船时，无意间触到一个机关，打开看，里面全部是金币。

他先提出来 4 袋钱，里面各有 60 枚、30 枚、20 枚和 10 枚金币。当他数完剩下两个袋子里的钱时，他发现这 6 个袋子金币的个数形成一个特殊的递进关系。

那么，你能否根据这个情况判断出第 5 袋和第 6 袋里的金币个数呢？

培养系数：★★★☆☆

大臣的考题

一个国王把聪明的臣民甲叫到大臣面前说："听说你聪明机智，我想考考你。"接着问诸位大臣："考他什么？"一位大臣说："就考考他，我们各位在想什么，如猜对了，我们每人给他 10 两黄金，如猜错了，他就给我们每人 10 两黄金，国王，您看行不行？"国王答应了。

甲接着说："我十分清楚诸位大人心里想什么，我能把你们心里的话说出来。如果诸位大人认为我说错了，你们心里想的和我说的正好相反，那就请诸位立刻提出来。如果认为我说得不错，你们心里想的和我说的完全一致，那就请你们马上把金子给我。"

过了一会儿，甲说出了一段话，大臣们听了，都频频点头，没有一个不说"是"的，乖乖地认了输，给了金子。

你认为甲说的是什么话？

培养系数：★★★☆☆

哪杯冷得快

在同样条件下，将两杯不同温度的牛奶放到冰箱里，温度高与温度低的牛奶，哪杯冷得快呢？

培养系数：★★☆☆☆

卡片的组数

在桌子上并排放有 3 张数字卡片组成三位数字 216。如果把这 3 张卡片的方位变换一下，则组成了另一个三位数，这个三位数恰好用 43 除尽。是什么数，怎样变换？

培养系数：★★★☆☆

线索套的提示

甲是某座城市最富有的商人。他有很多的钱，他喜欢把钱藏在自己的保险箱里。但他的记忆力很糟糕，这使他总是记不住自己保险箱上的由 3 个数字组成的密码。

但是，他却可以利用贴在保险箱上的线索套提醒自己：第 1 个数字乘以 3 所得结果中的数字都是 1，第 2 个数字乘以 6 所得结果中的数字都是 2。第 3 个数字乘以 9 所得结果中的数字都是 3。

那么，你能将这几个数字依次呈现吗？

培养系数：★★☆☆☆

什么时候聚会

有 7 个年轻人，他们是好朋友，每周都要到同个餐厅吃饭。但是他们去餐厅的次数不同。甲每天必去，乙隔天去一次，丙每隔两天去次，丁每隔三天去次，戊每隔四天才去一次，己每隔五天才去次，次数最少的是庚，每隔六天才去一次。

有一天是 2 月 29 日，他们愉快地在餐厅碰面了，他们有说有笑，憧憬着下一次碰面时的情景。请问，他们下次相聚餐厅会是在什么时候？

培养系数：★★☆☆☆

聪明的县令

有一个酒鬼，醉酒后常常称自己杀过人。

这天，他又喝多了酒。喝醉后对酒友说：“昨天我把一个有钱的商人推到了深沟里，得了很多钱。”酒友信以为真，就把他告到了官府。

这时正好有一个妇人来告状，说有人把她丈夫杀死扔到了深沟里，丈夫外出做生意赚的钱也都被人抢了。县令随妇人去验尸，尸体衣衫褴褛，没有头颅。于是县令说："你一人孤苦伶仃的怎么生活呢？一找到尸体的头颅，定案之后，你就可以再嫁了。"

第二天，与妇人同村的甲来报告说他找到了尸体的头颅。

这时，县令忽然指着妇人和甲说："你们两个就是罪犯，还敢诬陷酒鬼？"

两人不服，待县令把证据摆出来之后，二人不得不承认勾结在一起，谋害该妇人亲夫的事实。

请问：这个聪明的县令根据的是什么呢？

培养系数：★★★☆☆

占卜师之死

因电视节目而名声大噪的蒙面占卜师，在某一天夜里，不知为何人所害。死因系有人在占卜师喝的咖啡里下了毒。该占卜师的私人生活无人知晓，他长得什么样子，过去是干什么的均是个谜，就连他死时脸上仍戴着面具。经过调查，嫌疑犯有以下 3 人：

A：与占卜师同居的情妇——甲；

B：占卜师的弟弟——乙；

C：来请占卜师占卜的客人——丙。

据查，情妇甲得知占卜师在外拈花惹草，每晚吵闹不休，有充分的作案动机。占卜师之弟乙为其兄向他借了一大笔钱不还而怀恨在心。事实上，杀人现场的金柜也被洗劫过，所以此人也有重大嫌疑。另外，在占卜师被杀当日来访过的丙也有作案嫌疑。

以上 3 人在占卜师死亡推定时间内都无不在场证明。

那么，罪犯是哪一个呢？

培养系数：★★★☆☆

愚人节的谎话

每逢愚人节，甲总是上当受骗。今年他打算报复一下，也骗骗别人。其实，只要说一句简单的话，就可以使对方受骗。

请问这句话是什么？

培养系数：★★☆☆☆

多少人爬山

下面是一名爬山专家接受记者采访时的谈话内容。记者问："这个秋季有多少人随同你成功地攀上了最后那座高山？"

爬山专家答："你自己计算一下吧，不太多，但也有几个——两个人在一人之前，一人在两人中间；嗯，我走得比他们快，回头一看，发现一人在两人之前。"

记者微微一笑，已经在本子上写下了随同专家爬山的人数。

请你判断一下共有多少人攀上了高山。

培养系数：★★☆☆☆

各是什么职务

甲、乙、丙、丁4个人，分别是法官、检察官、律师、作家。一次政法工作会议上，4个人碰在一起开会，会议主持者热情地招待他们，忙着倒茶递烟。

（1）甲和丙接过烟，很快就抽了起来。

（2）法院院长婉言谢绝，因为他一贯主张戒烟。

（3）甲是司法局长的妹夫，所以他俩显得格外亲热。乙和丙看到他俩如此亲热，就感叹自己只有弟弟没有妹妹。

（4）分手时，律师邀请大家下午去他家。

你能判断出这4个人的职务吗？

培养系数：★★★☆☆

巧断性别与职业

一个家庭有三个儿女：老大色盲；老二患过小儿麻痹症，左脚略微有点跛；老三口吃。但他们从小就刻苦学习，长大后都有所作为。

三人中有一位是画家，有一位是篮球运动员，还有一位是翻译。他们在各自成家后还相处得非常和睦。画家外出，把孩子留在孩子的姑妈家，与姑妈的孩子为伴。一天晚上，电视转播篮球比赛实况，两个小家伙兴奋地指着电视屏幕大叫，一个说："那是舅舅！"另一个说："那是伯伯！"

你能判断出老大、老二和老三的性别和职业吗？

培养系数：★★★☆☆

杂货店的伙计

一家杂货店的店主准备招一名伙计，一胖一瘦两个人前来报名。店主是个精明而有趣味的人，他把两个人带进一间狭窄的屋子里。屋子里空荡荡的，一个小窗用厚帘子遮着，屋里全靠灯光照明。两个人莫名其妙，不知道店主要干什么。

店主打开一个盒子，对两人说：

"盒子里盛着五项帽子，两顶红的，三顶黑的。现在我把电灯关掉。我们三个人每人摸一顶戴在自己头上，然后我盖好盒子，打开电灯，你们俩要说出自己头上戴的帽子是什么颜色的。谁说得快，而且准确，我就雇用谁。"

店主关上电灯。三个人各摸了一顶帽子戴在自己头上。当电灯打开之后，那两个人同时看见店主头上戴着一顶红色的帽子。两个人又互相看了一眼，略微迟疑了一下后，那个瘦子立即喊道："我戴的是黑色的。"

瘦子答对了，如果是你，你会答对吗？

培养系数：★★★☆☆

一个关键的指纹

甲向乙借了很多钱买了栋豪华的别墅，可现在都快半年了，甲还没有还一分钱。乙实在是无法忍受就按响了门铃，到甲的新家要钱。两人在争吵过程中动手打了起来。高大的乙用两只手死死地掐住甲的脖子。甲在挣扎中左手摸到个锤子朝乙的头砸去。乙随即倒地停止了呼吸。

杀死乙后，甲马上把乙的尸体拖到后院掩埋起来，然后擦拭干净所有的血迹，再认真清理了沙发、地板和乙所有可能碰过的东西，不留下一个指纹。正当他做完这一切的时候，门外响起了急促的敲门声——是乙的两位警察朋友。

乙曾交代，如果他在下午还没有回到家的话，就让他的警察朋友来这里找他。尽管甲十分镇定，但警察还是不费吹灰之力就找到乙的唯一一个指纹。

你知道这个指纹在哪里吗？

培养系数：★★☆☆☆

谁杀了双面间谍

一名在罗马出生和长大的双重间谍被杀死，临死前，他用自己的血写了一个"X"。据分析，这个"X"指的是杀死他的人，嫌疑犯有代号为 12 号的法国间谍、代号为 6 号的俄国间谍和代号为 2 号的美国间谍。

请问：其中哪一个是凶手？

培养系数：★★★☆☆

伪造的相片

周五下午 2 点左右，一家董事长的家中进了窃贼，一个价值不菲的古董被盗走了。侦探很快就赶到了现场并作了检查。他说："从作案手段来看，很像最近出现的盗贼甲所为。"于是，侦探很快就找到了甲。

侦探问他："周五下午 2 点左右你在干什么？"

甲拿出了一张照片，说："那个时候我在赛马俱乐部。这个就是我当时上马时照的相片。是我的朋友给我照的，看后面的那个时间是下午 2 点吧，所以我根本不在案发现场。"

可是，经验丰富的侦探一眼就看出了这张照片是假的，说："你可以骗人，但是照片是不会说谎的。这是上午照的照片！"

那么，侦探是根据什么说这个照片是伪造的呢？

培养系数：★★★☆☆

雪地上的脚印

在一个积雪厚达 30 厘米的冬天的早晨，一个罪犯在自己家中杀人后，穿过一片空地，把尸体扛到了邻居家的院子里。然后他按原路返回。他拨通了警察局的电话，装作若无其事的样子说发现有人被害了。

警察赶到现场后，查看了那个人往返现场时留在雪地上的脚印，便厉声说："不要再装了，你就是凶手。"

警察是怎么知道的呢？

培养系数：★★☆☆☆

公主的年龄

一位慈爱的国王送给自己喜爱的三位公主共 24 颗宝石，这些宝石如果按三位公主3年前的岁数来分，可以正好分完。

小公主在三位公主中最伶俐，她提出建议："我留下一半，另一半给姐姐平分。然后二姐也拿出一半让我和大姐平分。最后大姐也拿出一半让我和二姐平分。"

两位姐姐稍加思索便同意，结果三位公主的宝石一样多。

三位公主的年龄分别是多少呢？

培养系数：★★★☆☆

地毯的长度

有一个人，想装修刚刚建成的房子，但是他必须在装修之前购买好装修必备的材料。

在所有的材料都购买齐全之后，他突然想到应该在一楼与二楼之间的楼梯上铺一条地毯，但是现在楼梯尚未安装，阶梯的数量、高度和宽度，他还不知道，在这样的情况下，请问你能帮他把所需要的地毯的长度计算出来吗？

培养系数：★★★☆☆

李子是苦的

6月的田野，美丽极了，甲和小伙伴在捕捉昆虫。忽然看见路旁边有一棵李子树，那紫红色的李子压弯了树，一看就知道熟了。小伙伴争相跑去摘。甲却站在那里，一动不动。

有人问他："人家都抢着去摘李子，你为什么不去？"

甲说："李子是苦的。"话音刚落，那些摘李子的小伙伴都离开了李子树往回跑，让李子苦得直咧嘴，有的人把李子往地下摔。李子真的是苦的。

你想一想，甲是怎样知道李子是苦的？

培养系数：★★★☆☆

猴子摘椰子

有一只小猴子想去摘树顶上的椰子。现在已知这椰子树高 10 米，而这只小猴子在一分钟内可以向上爬 3 米，不过在接下来的一分钟内则会向下滑落 2 米。

如此类推，这只小猴子一共要多少时间才可达到树顶呢？

培养系数：★★★☆☆

不敲自鸣的磬

从前，有一个和尚，他的房间里收着一个磬。这个磬有时半夜三更或大白天突然发出响声。和尚以为是鬼在捉弄他，十分惊慌，终于得了病。

一天，和尚的朋友来看望他，就在探望时，传来了寺院里敲钟的洪亮响声，这时，和尚房里的磬也跟着响了起来。和尚吓得面色惨白，浑身哆嗦。

这位朋友一下就明白了，他找来一把锉，把磬上锉缺几处地方。从此以后，磬就不再自鸣了，和尚的病也好了。

这个磬不敲自鸣的秘密在哪里呢？

培养系数：★★☆☆☆

发火的过路人

一个人赶着毛驴拉的货车，怎么也上不了坡。一位过路的人自动上前帮着推上了坡。赶车的人激动地说："太感谢您了！要不是您帮忙，一头毛驴实在没法拉车上坡！"

过路的人听后反而生气发火了。这为什么？

培养系数：★★☆☆☆

谁的年龄最大

在一次聚会上，有 4 个人在讨论他们的年龄问题。他们分别是 20 岁、40 岁、60 岁和 80 岁。其中有一个是总讲真话的纽约人，另外 3 个是一会儿讲真话一会儿讲假话的东京人。他们的陈述如下：

甲：

1. 我是 4 个人中最老的；

2. 我是纽约人；

3. 丙比丁要年轻。

乙：

1. 丙是 4 个人中最年轻的；

2. 乙和丁的年龄相差 20 岁。

丙：

1. 我比甲老；

2. 乙比丁老 20 岁。

丁：

1. 丙没有甲老；

2. 我比乙老。

你能准确判断出每个说话的人各属于哪个地区，年龄有多大吗？

培养系数：★★★☆☆

真话还是假话

甲自从当选民意代表后，便疏于走访基层，以致渐渐忘了各地选民的特性以及他们的居住地。

转眼间，又快要选举了。想连任的甲不得不再度走访基层。

这天，他又要到诚实村去。但途中无从判断哪一边才是正确方向的岔路，他只能确定路的一边是通往村民都会说实话的诚实村，另一边则是通往村民都会说谎话的谎话村。

还好，正巧有人出现在岔路口附近，只是这次有两个人。已知其中一个是诚实村的人，另一个是谎话村的人，但是无法确定哪个人是哪一村的。

请问，甲要如何只问其中一个人一个问题，就可以知道前往诚实村的路？

培养系数：★★☆☆☆

各自在做什么

住在某个旅馆的同一房间的四个人甲、乙、丙、丁正在听一个故事。她们当中有一个人在修指甲，一个人在写信，一个人躺在床上，另一个人在看书。

（1）甲不在修指甲，也不在看书。

（2）乙不躺在床上，也不在修指甲。

（3）如果甲不躺在床上，那么丁不在修指甲。

（4）丙既不在看书，也不在修指甲。

（5）丁不在看书，也不躺在床上。

她们各自在做什么呢？

培养系数：★★★☆☆

天使的钻戒

人间来了 4 位天使。她们 4 个人的手上都戴着 1 枚以上的钻戒，4 人的钻戒总数是 10 枚。她们 4 个人说的话刚好被魔鬼听见了。其中，有 2 枚钻戒的人的话是假话，其他人的话是真话。另外，有 2 枚钻戒的人可能存在两人以上。

甲：“乙和丙的钻戒总数为 5。”

乙：“丙和丁的钻戒总数为 5。”

丙："丁和甲的钻戒总数为 5。"

丁："甲和乙的钻戒总数为 4。"

请问：她们每个人的手上各戴有多少枚钻戒？

培养系数：★★★☆☆

谁是凶手

这是一宗十分奇妙的案件。有两兄弟，为了争夺家产结了仇，见面都互不理睬。

有一天，人们发现哥哥死在街头，而弟弟却失踪了。

警方在现场调查发现：死去的哥哥的血型是 A 型，而在他身上，发现有 AB 型的血迹，警方认为是凶手留下的证据进行调查，死者的父亲的血型是 O 型，母亲的血型是 AB 型，但死者弟弟的血型是什么，却不清楚。

有人认为杀人凶手一定是死者的弟弟。你根据上述材料想想看，失踪的弟弟会不会是凶手？

培养系数：★★★☆☆

魔女们的小狗

甲、乙、丙、丁 4 个小魔女每人都养了小狗，但数量各不相同，并且她们眼睛的颜色和她们中意的魔女服装的颜色都各不相同。小狗的数量有：1 只、2 只、3 只，4 只；眼睛颜色分别是：灰色、绿色、蓝色、红色；服装颜色分别是：黑色、红色、紫色、茶色。

请根据如下条件判断她们每个人眼睛的颜色、魔女服装的颜色、饲养小狗的数量。

（1）灰色眼睛的魔女和黑色服装的魔女和乙 3 人共有 8 只小狗。

（2）绿色眼睛的魔女和红色服装的魔女和丙 3 人共有 9 只小狗。

（3）红色眼睛的魔女和茶色服装的魔女和丁 3 人共有 7 只小狗。

（4）紫色服装的魔女的眼睛不是灰色的。

（5）丙的眼睛不是蓝色的。

（6）乙的眼睛是红色的。

培养系数：★★★☆☆

谁是贫困生

甲、乙和丙是同一所大学的学生。她们中有两位非常聪慧，有两位非常有气质，有两位是才女，有两位家境富裕。每个人至多只有三个令人注目的特点：

对于甲来说，如果她非常聪慧，那么她家境富裕。

对于乙和丙来说，如果她们非常有气质，那么她们也是才女。

对于甲和丙来说，如果她们是家境富裕的，那么她们也是才女。

学校需要推选出一名贫困生给予助学金。你知道她们三人中谁是贫困生吗？

培养系数：★★★☆☆

抛硬币的概率

甲写完作业，就随手拿了一枚硬币向上抛着玩。她抛了15次，每次都是正面朝上。如果她再抛一次，正面朝上的概率是多少？

培养系数：★★☆☆☆

何时送出鱼翅宴

元旦，企业的10个同事一起到海鲜楼聚餐。在雅间里，有的人希望按年龄大小就座，有的建议按资历就座，还有的人要求按个头就座，大家争论不休。

大堂经理说：“大家先任意坐下吧。我有个好办法。”

10 个同事听了大堂经理的话，不再吵吵嚷嚷，随意坐了下来。大堂经理继续说：“大家记下这次座位的次序。等第二次来这里进餐时，再按别的次序就座；第三次再按新的次序就座，以后每次来都按新的次序，直到每个人把所有的位子都坐过为止。如果有一次正好每个人又坐在现在所安排的位子上，我将用本店最昂贵的鱼翅宴免费招待你们。”大家听了，都觉得这是一个好办法。大堂经理隔多久会送出鱼翅宴呢？

培养系数：★★☆☆☆

多少工作日

在一个特殊的工作部门有这样一条奇怪的规定：假设某一天为休息日，这一天的前一天如果不休息的话，第二天就休息；如果休息的话，第二天就不休息。再假设某一天为工作日，且这一天的前两天不上班的话，那么第二天为工作日。如果这一天的前两天上班的话，那么第二天就休息。

那么，在一年的 365 天中，这个部门的工作职员究竟要工作多少天？

培养系数：★★☆☆☆

她能离婚吗

美国艺术界的离婚率高得出奇。一名女画家对一名律师说：“我们夫妻俩对每件事的意见都有分歧，一年到头吵个不停。我想离婚，行不行？”

律师考虑了一下，回答说：“那是不可能的。”

你知道律师这样回答的根据是什么吗？

培养系数：★★☆☆☆

药丸的重量

某制药厂最近新生产了一批感冒药，每 100 粒装在一个瓶子里，6 个瓶子为一箱。在推向市场之前，制药厂必须把这些药丸送到药检局检验。一天，制药厂收到紧急通知：这一箱药丸里，有几个瓶子里的每一粒都超重 1 毫克。

如果每一瓶都取出一粒药丸来称量，那么需要一共称 6 次才能得出结果。能不能想出一个最好的办法，称一次就能把问题解决呢？

培养系数：★★★☆☆

削苹果的方向

甲的妈妈用水果刀削苹果皮。开始时，妈妈熟练地往右边削着皮。可是过了一会儿又看时，妈妈正往左边削着皮。

“途中皮断了，重新往反方向削了吗？”甲问。但是妈妈说她削的皮一直都连着，削苹果的方向也一直都没有变，当然，还是刚才那个苹果。

这是怎么回事呢？

培养系数：★★☆☆☆

伪慈善家

慈善家洋洋得意地说：“在上个礼拜，我把 50 枚银圆施舍给 10 个可怜的人，我不是平分给他们的，而是根据他们困难的程度进行施舍。因此，他们每个人得到银圆的枚数都不相同。”一个聪明的青年听了很生气，说：“你是一个伪慈善家，你说的全是谎话！”

这个青年为什么这样说？根据什么？

已知慈善家施舍了50枚银圆，分给10个人，如果每个人得到银圆的枚数都不相同，最少的1枚（不能比这个数再小了），2枚，3枚……10枚，算一算，50枚银圆这样分够吗？

判断的过程，是调查和研究的过程。要求善于开动脑筋，学会分析的方法。

培养系数：★★☆☆☆

到底是星期几

如果今天的前5天是星期六的前3天，那么后天是星期几？你能猜出来吗？

培养系数：★★☆☆☆

贵族的酒

甲是芝加哥北部最厉害的红酒商，他靠给上流社会提供转手酒发了大财。现在，我们看到甲正把店里最好的20箱酒送到他选出的4个客户那里。他是这样分配的：

乙家族获得的酒比荷兰人的咖啡厅多2箱。

丙家族比丁家族少6箱。

丁家族比乙的家族多2箱。

荷兰人的咖啡厅比丙家族多2箱。

那么，这几个家族各自获得几箱酒呢？

培养系数：★★★☆☆

两只茶杯一起翻

现在有3只茶杯，它们的杯口全部朝下。如果规定你必须两只茶杯一起翻。

请问：翻几次才能使3只茶杯全部口朝上?

培养系数：★★☆☆☆

狱卒发粥

一个狱卒负责看守众多的囚犯，吃饭分粥时，他必须安排他们的座位。入座的规则如下：

(1) 每张桌子所坐的人数必须是奇数。

(2) 每张桌子上坐的囚犯人数要相同。

在囚犯入座后，狱卒发现：

每张桌子坐9人，就会多出8人。

每张桌子坐7人，就会多出6人。

每张桌子坐5人，就会多出4人。

每张桌子坐3人，就会多出2人。

但当每张桌子坐11人时，就没有人多出来了。

请问一共有多少个囚犯?

培养系数：★★★☆☆

农夫的遗书

从前有个农夫，死时留下几头牛，在他的遗书上写道：

“妻子：分给全部牛的半数再加半头；长子：分给剩下的牛的半数再加半

头；次子：分给还剩下的牛的半数再加半头；长女：分给最后剩下的半数再加半头。”

结果是一头牛也没杀，也没有剩，正好全部分完。请问农夫死时留下几头牛？

培养系数：★★☆☆☆

现在几点

有一天，甲的表停了，就问乙现在的具体时间。结果乙为了捉弄甲就给她出了一道难题。乙是这样说的：“如果再过 1 999 小时 2 000 分钟 2 001 秒，我的手表正好是 12 点。你算算现在的具体时间吧。”甲当时一听就蒙了。

你知道乙说的几点吗？

培养系数：★★☆☆☆

硬币的问题

假设你有 3 个硬币，1 个一面正面一面反面，1 个两面都是正面，1 个两面都是反面。它们都放在 1 个口袋里。如果你从中取出 1 个放到桌子上，不去看它，那么它两面相同的概率是多少？

培养系数：★★★☆☆

足球中的毒品

1992 年 7 月 18 日，一个大毒枭连闯四国，马上就要将价值 100 万美元的毒品带进毒品价格最高的美国了。他把毒品藏在一只新足球内，足球上有好几个世界著名足球明星的签名，看到这样的足球，谁还会贸然剖开足球检查呢？

然而当他在纽约机场遇到了反毒专家，反毒专家甚至没有掂一下足球的分量，仅是看了看网兜里的足球，就说：“先生，请你到毒品检查站来一趟，你的足球有问题。”大毒枭气疯了，大声说：“球星签名的足球有什么问题啊？”

你知道反毒专家是怎么说的吗？

培养系数：★★★☆☆

泄密年龄的公式

一位神奇的魔术师声称他拥有一个带魔力的公式，只要女士把自己的出生日期和年龄带入这个公式的相应位置，魔术师就能知道这个人的年纪，这对于想要保密年龄的大龄女士来说是一个坏消息。

这个公式是：[（出生月日）×10＋20]×10＋165＋（你的年龄）＝？

不信，你来试一试，在不让魔术师看到的情况下，把你的出生日期和年龄对号入座，然后将最后的数字告诉魔术师，魔术师就能说出你的年龄。

你能想到其中的秘诀是什么吗？

培养系数：★★☆☆☆

嫌疑人的短文

星期六晚上，一家乐器商店被盗。盗贼是砸碎了商店一扇门上的玻璃窗后钻进店内的。他撬开三个钱箱，盗走 1 225 克朗，又从陈列橱里拿了一只价值 14 000 克朗的喇叭，放在普通喇叭盒里拿走了。警方找出三个嫌疑人，甲、乙、丙。

三个嫌疑人被带到警官面前，桌子上放着三支笔和一些纸。警官要求他们假设自己是盗贼，设法破门进入商店，偷些什么，采取什么措施来掩盖痕迹而写一篇短文。

甲：星期六早晨，我对乐器店进行了仔细观察，发觉后院是最理想的下手地方。到了晚上，我打碎了一扇边门的玻璃窗。爬了进去，我先找钱，然后从橱窗里拿了一个很值钱的喇叭，溜出了商店。

乙：我先用玻璃刀在橱窗上划开一个大洞，这样别人就不会怀疑我。我也不会撬三个钱箱，因为会有响声。我会去拿喇叭，把它放在盒子里，藏在大衣下面。

丙：深夜，我在暗处撬开商店边门，然后戴着手套偷钱和橱窗里的喇叭。我要用这钱买真皮手套，之后再出售喇叭。

警官看完后，马上抓到了盗贼。盗贼是谁？警官是凭什么判断谁是盗贼的？

培养系数：★★★☆☆

杀人的浴缸

一天，探长要去看望住在海边豪宅的好友甲。路上，他给甲打了电话，告诉他大约半个小时后到。

半小时后，探长准时到达，可在客厅里等了5分钟，还不见甲出现。这时仆人乙说："老爷进去洗澡已经半个多小时了，会不会……"

探长撞开浴室门，发现甲死在浴缸里。从初步检查的结果来看，他是溺水死的，死亡时间大概在半小时前。

警察赶到后做了进一步分析，发现甲的肺部有大量海水，而没有淡水残留。同时，整个下午只有仆人乙一个人在家，没有其他人来过。

探长的第一反应就抓住乙，说他是凶手。乙拼命地否认他没有作案时间："探长打电话来的时候主人还在接电话，从那时到现在只有30多分钟，可是从这里到海边却要一个小时。我就是坐飞机也来不及。"但探长却一口咬定是乙干的。

你认为探长的理由是什么呢？

培养系数：★★★☆☆

沸腾的咖啡

大侦探家到森林中打猎，见天色晚了，便在空地上支起帐篷，准备宿营。

忽然一个年轻人跑来告诉侦探，他的朋友甲被人杀害了。侦探问他叫什么，他说："我叫乙。一小时前，我和甲正准备喝咖啡，突然从树林里蹿出两个大汉，将我们捆了起来，还把我打昏了，等我醒来一看，甲已经……"

侦探听完后，拍拍乙的肩膀："走，一起去看看。"便跟着乙来到了案发地点。甲的尸体倒在火堆旁，两条绳子散乱地扔在甲的脚下，旁边的帆布包被翻得乱七八糟。侦探俯下身，见甲的血已经凝固，断定是一小时以前死亡的，凶手是用钝器击碎颅骨才使他丧命的。

他的目光又回到火堆上，火烧得很旺，黑色咖啡壶在发出"嘶嘶"的声响，刚刚烧沸的咖啡从锅里溢到锅外，发出迷人的香气，滴落在还没烧透的木炭上。

侦探默默地站了一会儿，突然掏出手枪对准乙说："别演戏了，老实交代吧！"

你知道这是怎么回事吗？

培养系数：★★☆☆☆

越狱的间谍

一个英国间谍到德国偷取情报时，不幸失手被擒，被关进了一个阴森森的监狱里。正当他在想办法越狱时，突然间从远处传来警报声，所有的守卫都前往增援。间谍利用这个时机，成功地逃走了。

间谍当时身上只有个打火机和一粒以子弹为吊坠的项链，你认为他会用什么方法逃出牢房呢？

培养系数：★★☆☆☆

谁偷了吉祥物

两支半职业橄榄球队是赛场上的劲敌。甲队的一个队员在大赛的前夕偷了对手乙队的吉祥物，直到比赛结束的那一天也没有送回来。现在有 4 个嫌疑人：四分卫、中锋、流动后卫、底线后卫。每个人都做了两次陈述。

四分卫和中锋的陈述都是假的，流动后卫的陈述有一次是真的，一次是假的，底线后卫的两次陈述都是真实的。

A：

（1）我不是流动后卫；

（2）中锋偷的。

B：

（1）我不是四分卫；

（2）流动后卫干的。

C：

（1）我不是中锋；

（2）底线后卫干的。

D：

（1）我不是底线后卫；

（2）四分卫干的。

根据上面的陈述，猜猜哪个陈述是哪个嫌疑人的。乙队的吉祥物是谁偷的？

培养系数：★★★☆☆

聪明反被聪明误

甲打电话给他的好友——警察乙，说自己的叔叔可能出事了：“我们今晚约好一同吃晚饭，但他没来。你能不能陪我去他家里找找他？”

路上，甲对乙说："我叔叔认为最近几天他被贼盯上了。他有一大笔现金，藏在密室的保险柜里，不过这件事让一个保姆透露了出去。"

两个人来到甲叔叔的屋子，门没锁，只有门口厅室里一盏灯亮着。乙建议说："最好查看一下密室。"

甲在前面带路，来到黑漆漆的密室门口，停了一下说："最里面的角落有盏落地灯。"便走进黑森森的屋子，看不见人。一会儿，落地灯打开了，房间里顿时明亮如昼。甲的叔叔横卧在地板上，脑袋上有条很大的伤口。

甲跨过他叔叔的身体回到门口："他……他死了？"

乙看了一下伤势，说："他没事，不过你要倒霉了，最好把整件事情讲清楚，我可以请求法庭对你宽大处理。"

甲在哪儿露出了马脚？

培养系数：★★★☆☆

答案及解析

运动员的房间

4 号运动员住在 13 号房间。

老虎和牛过河

需要 6 次。顺序如下：

（1）一牛一虎过河，一牛返；

（2）二虎过河，一虎返；

（3）二牛过河，一牛一虎返；

（4）二牛过河，一虎返；

（5）二虎过河，一虎返；

（6）二虎过河。

冰和水的体积

1/12。

假设水体积为 x，冰体积为 y，则 $x=(1+1/11)y$，那么，$y=11/12x$，$x-y=1/12$。

还剩多少页

168 页。

如果撕掉第 3 页至第 12 页还剩 190 页的话，那么撕掉第 56 页至第 75 页，就包括撕掉第 55 页至 76 页。换句话说，它包括最前面一页和最后一页的背页。

4 个小箱子

在最大箱子中取出一块糖放在中央小箱内，为 4＋1＝5 块糖。这 5 块糖又在从外数第三个箱内，所以它有 5＋4＝9 块糖。这 9 块糖还在从外倒数第二个箱内，故第二箱内应有 9＋4＝13 块糖。显然大箱内的糖为 9＋4＋8＝21 块糖（此游戏有多解）。

聪明的小师弟

每人的首饰中都有一些精品，先选出来，老大选出 1 件，老二选出 2 件，小弟选出 3 件，余下的按 7 件 5 元成套卖出。大哥的 7 套卖 35 元，二哥的 4 套卖了 20 元，小弟只 1 套卖 5 元，价格一样。精品按 15 元一件卖出，大哥得 15 元，二哥得 30 元，小弟得 45 元，价格还是一样，而每人都卖够了 50 元。

大小不一的香皂

105 天。

4 块小香皂能使用 28 天，那么

1块小香皂能使用7天，15块能使用105天。

空瓶换汽水

最多40瓶。

20个空瓶子换10瓶，10瓶换5瓶，5个空瓶中拿4个换两瓶，然后就有了3个空瓶子，其中2空瓶换1瓶，最后只有两个瓶子的时候，换取最后一瓶。还剩一个空瓶子，把这1个空瓶换1瓶汽水，这样还欠商家1个空瓶子，等喝完换来的那瓶汽水再把瓶子还给人家即可。所以最多可以喝的汽水数为：20＋10＋5＋2＋1＋1＋1＝40。

好人有好运

第1袋＝60枚金币

第2袋：30枚金币（1/2）

第3袋＝20枚金币（1/3）

第4袋＝15枚金币（1/4）

第5袋＝12枚金币（1/5）

第6袋＝10枚金币（1/6）

大臣的考题

甲说："在座诸位大人心里所想，我了如指掌，那就是：'你们的思想十分坚定，你们的一生都要忠于皇上，永远不会图谋背叛和造反。'"在国王面前，大臣谁敢不同意呢？

哪杯冷得快

温度高的一杯冷得快，此为"姆潘巴现象"。冷却的快慢不是由液体的平均温度判断，而是由液体表面与底部的温度差决定。热牛奶急速冷却时，此种温度差较大，而且在全部冻结前的降温过程中，热牛奶的温度差会一直大于冷牛奶的温度差。因此表面的温度越高，其散发的热量则越多，降温也越快。

卡片的组数

恰好用43除尽的三位数有129、172、215……你要心中有数，与"216"比较怎样变动可以满足要求。可将"216"中"21"左右交换为"12"，再把"6"的那张卡片上下倒置变为"9"即可变为"129"被43所除尽。

说到变换3张卡片的位置，多数人只想到卡片的左右位置交换，没有想到把卡片倒置。

线索套的提示

37—37—37。

这几个数计算如下：

37×3＝111；37×6＝222；37×9＝333。

什么时候聚会

7个年轻人要隔许多天才能在餐厅里相聚一次，这个天数加1需能被1～7之间的所有自然数整除。1～7的最小公倍数是420。也就是说，他们每隔419天才能一齐聚于餐厅。因为上一次聚会是在2月29日。可知这一年是闰年。那么第二年2月份就只有28天一种可能。由此可推。他们下一次相聚是在第二年的4月24日。

聪明的县令

尸体在深沟里，她怎么能确信是自己的丈夫呢？必定是先知道丈夫死在这儿了。而且衣服破烂，怎么能有那么多的钱呢；头颅在哪儿，甲为何如此熟悉，又这么着急地来报告呢？必定是想与妇人早日成亲。

占卜师之死

罪犯是丙。嫌疑犯中知道占卜师长相的是其情妇甲及弟弟乙。也就是说，对于这两个人，占卜师没有必要蒙着脸，而实际上占卜师是蒙着面与来人喝咖啡时被毒死的。这就是说，占卜师接待的是不好让对方看到自己脸的人。如此说来，凶手只能是来求卜的丙。

愚人节的谎话

比如，对朋友说“今天我一定要骗给你看看”这句话就行了。如果这句话能够把朋友骗了的话就成功了，即使没能做到，这句话本身就是撒谎，也属于欺骗。

多少人爬山

三人。

各是什么职务

甲是检察官，乙是法官，丙是律师，丁是作家。

从（3）可以看出，甲、乙和丙都不是作家，作家只能是丁。

从（1）和（2）看，甲和丙都不是法官，从（4）可以断定甲不是律师，可见甲是检察官，剩下的丙就是律师了。

巧断性别与职业

老大色盲，所以肯定不能绘画。老二腿脚不方便，肯定不能打篮球。根据小孩看篮球赛时说的话，推断老大为篮球运动员，且为男性。而且老大必有弟、妹各一个（叫“舅舅”者是妹妹的孩子，叫“伯伯”者是弟弟的孩子）。

画家将孩子寄留在孩子的姑妈家，则画家为男性，而翻译则为女性。

又因为老三患有口吃，无法诵读外语，其职业只能是画家。

综上分析，可知老大是男性、篮球运动员；老二是女性、翻译；老三是男性、画家。

杂货店的伙计

一共只有两顶红色的帽子。当打开电灯的时候，店主的头上已经戴着一顶红色的帽子，这是胖子和瘦子同时看到的。如果瘦子再看见胖子头上戴的是红的，瘦子会立即判断出自己戴的是黑色的。同样，胖子看到瘦子戴的是红的，也会立即做出自己的判断，说自己戴的是黑色的。

可是灯亮后，胖子和瘦子谁也没有立即作出判断，原因肯定是瘦子看见胖子戴的和胖子看到瘦子戴的都一样，不是红色的。所以瘦子知道自己戴的是黑色的。

一个关键的指纹

这是一道测试你阅读是否足够仔细的题目，如果你粗心大意的话，可就犯下和甲一样的错误了。乙是按门铃进来的，所以门铃按钮上还留有一个指纹，而警察敲门进来的原因，就是不破坏这最后一个没有被清除掉的指纹。

谁杀了双面间谍

法国间谍。死者是罗马人，在死的时候自然地用自己的母语书写杀死他的间谍的代号。罗马的 12 写作 XII，他写完 X 后就死了。

伪造的相片

按照骑术的要求，从右侧上马是不对的。

甲为了把上午 10 点改成下午 2 点，就故意将底片翻过来洗，但是却忽略了马的位置。

雪地上的脚印

警察根据他往返时的脚印深浅的不同判断出来的。背着尸体时候的脚印要比回来时的脚印深。

公主的年龄

既然三人宝石一样，那最后每位公主都有 8 颗宝石，显然这是大公主为自己留下的数目，那大公主分宝石前是 16 颗宝石，而当时二公主和小公主手中应各有 4 颗宝石，由此推出二公主分出宝石前有 8 颗宝石，而小公主的 4 颗有两颗是二公主分出的，另两颗是她第一次分配所余，最初小公主的数就知道了是 4 颗。二公主得到小公主的 1 颗成为 8 颗，二公主最初是 7 颗，大公主自然是 13 颗宝石。

这是三位公主三年前的年龄，再给每人加 3 岁，于是可以知道小公主 7 岁，二公主 10 岁，大公主 16 岁。

地毯的长度

其实，我们只需要把要与楼梯构成直角三角形的地面长度和墙壁的高度测量出来就可以了，这两者之和就是所需地毯的长度。

因为每个台阶的高度之和就等于墙壁的高度，台阶的宽度之和就等于地面的长度，所以说只需知道这两者就可以了。

李子是苦的

甲说：“李树长在路边，结了那么多果子，要是不苦，早就叫人吃光了。”

猴子摘椰子

需要 15 分钟才能爬到树顶。

不敲自鸣的磬

物体每秒振动的次数叫做“频率”，如果两个物体的振动频率相同，一物体振动时，另一物体也会振动。在这个故事里，因为寺院的钟与磬固有的振动频率相近，因此，就可以发出共鸣。把磬挫开几处缺口，改变了磬的振动频率，也就听不见磬鸣了。

发火的过路人

过路人误会地把他当成了第二头毛驴。

谁的年龄最大

首先必须考虑到一个是纽约人，3 个是东京人。

先考虑甲的陈述。如果甲像他说的那样是个纽约人，那么甲所说的都是真实的。如果甲是一个东京人，那么他第二次说的是虚假的，第一次和第三次说的是真实的，这样，甲是最老的，丙是最年轻的，或者是第二年轻的。丙第一次说他是最老的，是虚假的。那么，他是 3 个东京人之一。他的第二次陈述说，乙比丁老 20 岁是真实的。所以，甲是 80 岁，乙是 60 岁，丙是 20 岁，丁是 40 岁。

丁第一次说的是真实的，因为他证实了我们已经知道的，即丙没有甲老。可是他的第二次陈述，说他比乙老，是虚假的。丁是东京人。

乙的两次陈述都是真实的，因此，乙是纽约人，甲是第三个东京人。

答案如下：

甲：东京人 80 岁；

乙：纽约人 60 岁；

丙：东京人 20 岁；

丁：东京人 40 岁。

真话还是假话

（1）指着任一边的岔路，问其中一人“如果我问，这条路是不是通往诚实村的路，你旁边那个人会怎么回答？”如此一来，将有以下 4 种情况：

A. 路是通往说谎村，被问者是说谎村的村民：

如果被问的是说谎村的村民，则他旁边的人便是诚实村的村民，而会回答不是。而由于被问的人会说谎话，因此他将会回答甲：是。

B. 路是通往说谎村，被问的是诚实村的村民：

如果被问的是诚实村的村民，则他旁边的人便是说谎村的村民。而会回答是，由于被问者会说实话，因此他将会回答甲：是。

C. 路是通往诚实村，被问者是说谎村的村民：

如果被问的是说谎村的村民，则他旁边的就是诚实村的村民，而会回答是。由于被问的人会说谎话，所以会歪曲诚实村村民的答案，因此他将会回答甲：不是。

D. 路是通往诚实村的，被问者是诚实村的村民：

如果被问的是诚实村的村民，则他旁边的人便是说谎村的村民，而会回答不是。而由于被问者会说实话，所以会把说谎村的村民的答案据实告知，因此他将会回答甲：不是。

（2）可见，如果甲得到的答案是：是，便可以确定他所指的那条路是通往说谎村。而如果他得到的答案是：不是，则可以确定他所指的那条路是通往诚实村。

各自在做什么

解法一：可用排除法求解

由（1）（2）（4）（5）知，既不是甲、乙在修指甲，也不是丙在修指甲，因此修指甲的应该是丁；但这与（3）的结论相矛盾，所以（3）的前提肯定不成立，即甲应该是躺在床上；在（4）中丙既不看书又不修指甲，由前面分析，丙又不可能躺在床上，所以丙是在写信；而乙则是在看书。

解法二：我们可以画出 4×4 的矩阵，然后消元

	甲	乙	丙	丁
修指甲	—	—	—	+
写信	—	—	+	—
躺在床上	+	—	—	—
看书	—	+	—	—

注意：每行每列只能取一个，一旦取定，同样同列要涂掉我们用“—”表示某人对应的此项被涂掉，“+”表示某人在做这件事。

①根据题目中的（1）（2）（4）（5）我们可以在上述矩阵中涂掉相应项，用“—”表示。(可知丁在修指甲，乙是在看书）

②题目中的解为甲若“躺在床上”则丁≠“修指甲”；那么其逆否命题为；若丁“修指甲”，则甲“躺在床上”。(由①可知，甲应该是“躺在床上”，所以在“躺在床上”的对应项处画上“+”）

③现在观察①②所得矩阵情况，考察甲、乙、丙、丁各列的纵向情况，可见在“写信”一项所对应的行中，只能在相应的丙处画“+”，即丙在写信。

天使的钻戒

4 个人共有 10 枚钻戒：

乙+丙=5 的话。丁+甲=5；

乙+丙≠5 的话，丁+甲≠5：

所以，甲和丙或者是都说了实话，或是都撒了谎。

假设她们都说了实话，甲≠2，丙≠2。由于丙的发言是真实的，丁≠3。

假设乙的话是真的（乙≠2），由于丙+丁=5，可得乙+甲=5，丁的话是假的，所以丁=2。因此，丙=3。甲的话就变成假的了。

由于甲的话是真的，所以丙=3。那么，丙+丁=5，就成了乙有 2 个却又说了真话。这是自相矛盾的。

由此推知，前面的假设是不成立的。

她们都撒了谎，即甲=2、丙=2。由丙的发言（假的）可知，丁不等于 3。

所以，乙的发言是假的，乙=2，剩下的丁就是 4 个。

她们各自手上戴的钻戒数具体如下：

甲：2 个；

乙：2 个；

丙：2 个：

丁：4 个。

谁是凶手

不是。AB 型和 O 型血液的人结婚，子女不会有 AB 型。

魔女们的小狗

根据（1）（6），灰色眼睛的魔女、黑色服装的魔女、乙（红色眼睛），3 人饲养的小狗是 1 只、3 只、4 只（顺序不确定）……Ⅰ；

根据（2），绿色眼睛的魔女、红色服装的魔女、丙 3 人饲养的小狗分别是 2 只、3 只、4 只（顺序不确定）……Ⅱ；

根据（3）（6），红色眼睛的魔女、茶色服装的魔女、丁 3 人饲养的小狗分别是 1 只、2 只、4 只（顺序不确定）……Ⅲ；

丙的眼睛不是红色的（6），也不是蓝色的（5），也不是绿色的（2），所以是灰色的。

灰色眼睛是丙，所以不是红色衣服（6），也不是紫色衣服（4），也不是黑色衣服（1），应该是茶色衣服。

灰色眼睛的魔女在Ⅰ、Ⅱ、Ⅲ里面都出现过了，所以养了 4 只狗。还有 1 个人，在Ⅰ、Ⅲ里共同部分出现过的红色眼睛的魔女（乙）养了一只狗。所以，黑色衣服的魔女和丁不是同一个人。

根据Ⅰ，黑衣魔女有 3 只小狗，在Ⅰ、Ⅱ里面出现过的黑衣魔女和绿色眼睛的魔女是同一个人，黑衣魔女（绿色眼睛，3 只）和丁不是同一个人，所以是甲。

根据Ⅱ，红色衣服的魔女是丁。

所以，甲的眼睛是绿色的，穿了黑色的服装，养了 3 只小狗；乙的眼睛是红色的。穿了紫色的衣服，养了 1 只小狗；丙的眼睛是灰色的，穿了茶色的衣服，养了 4 只小狗；丁的眼睛是蓝色的，穿了红色的衣服，养了 2 只小狗。

谁是贫困生

丙并非家境富裕，她是贫困生。

抛硬币的概率

1/2。无论谁来抛，也无论抛多少次，这个概率是不会变的。千万不要被题中的叙述迷惑。

何时送出鱼翅宴

实际上是不可能的，因为隔的日子太久了，是 362 800 天，相当于 1 000 年。

多少工作日

219 天。

题目的叙述很烦琐。实际是“连续三天工作，连续两天休息”，如此反复。从本质上看是个简单的问题，但用文字表达就变得十分复杂。所以我们要善于透过现象看本质。

她能离婚吗

因为这对夫妇对每件事的意见都有分歧，那么妻子想离婚，丈夫不想离；而丈夫想离婚，妻子又不想离。总之，两人难以在离婚问题上达成共识。

药丸的问题

从6个瓶子里分别取出11、17、20、22、23和24粒药丸来，然后放在一起称一次就可以知道问题出在哪几瓶里。比如，称量之后超重53毫克，而这6个数字能构成53的组合只有一种，即：11＋20＋22。因此，问题就出在第1瓶、第3瓶和第4瓶。

削苹果的方向

甲的妈妈用极普通的方法削着苹果。实践一下你就会明白，开始和最后确实是向着相反方向动刀子的。削好的皮呈S状就是这个原因。

伪慈善家

要让10个人拿到枚数不同的银圆，至少要1＋2＋3……＋10＝55（枚）

到底是星期几

星期三。首先你要弄清楚今天是星期一，才能判断后天的日期。

贵族的酒

丁家族获得8箱，乙家族获得6箱，荷兰人的咖啡厅获得4箱，丙家族获得2箱。

两只茶杯一起翻

永远无法做到。

狱卒发粥

共有2 519名囚犯。

2 519分成3人一桌需839张桌子，多余2个人；

2 519分成5人一桌需503张桌子，多余4个人；

2 519分成7人一桌需359张桌子，多余6个人；

2 519分成9人一桌需279张桌子，多余8个人；

2 519分成11人一桌需229张

桌子，没有多余。

农夫的遗书

一共是 15 头。

因为 15 头的半数是 7.5 头，再加半头就是 8 头，余下 7 头。7 头的半数是 3.5 头，再加半头是 4 头，余 3 头。3 头的半数是 1.5 头，再加半头是 2 头，余 1 头。1 头的半数是 0.5 头，再加半头是 1 头。

现在几点

7 点 7 分 39 秒。

因为 1 999 小时 2 000 分钟 2 001 秒是 2 032 小时 53 分 21 秒，除去中间是 12 的倍数的 2 028 小时，剩下的时间是 4 小时 53 分 21 秒。这个题可以减少为再过 4 小时 53 分 21 秒是 12 点。所以，现在就是 7 点 7 分 39 秒。

硬币的问题

两面相同的概率是 2/3。

如果你见到的是正面，就有三种而不是两种情况：①你看见的是有正面和反面的硬币的正面。②你看见的是两个正面硬币的一面。③你看见的是两个正面的硬币的另一面。在其中两种情况下，两面相同。

足球中的毒品

反毒专家平静地说："球星中有英国人、德国人、意大利人、巴西人，怎么都用英文签名呢？"大毒枭只懂英文。

泄密年龄的公式

这是一个通用的式子。把最后的数字扣掉 365，前四位数就是你的出生月日，剩下的十位与个位数就是你的年龄。

嫌疑人的短文

盗贼是乙。因为警官根本没有说过乐器店丢失了什么东西，而乙则很清楚地写到了他不会去撬三个钱箱，而他是怎么知道乐器店里有三个钱箱的呢？

杀人的浴缸

思维定式是侦探最大的敌人。在海水中溺死是一条重要的线索，同时它也在暗示警察案发地点是在海边。而乙拥有不可能作案的时间证据。

实际上，如果仔细思索一下，并不是被海水溺死就一定发生在海边。如果有足够多的海水的话，在浴缸里同样也能作案，然后放掉海水，装满淡水。这只需要 10 分钟就足够了。

沸腾的咖啡

侦探说："如果这咖啡是 1 小时前暴徒来时就煮好了，那么现在早就干了，不可能溢出来。一定是你先杀了甲，然后才开始煮咖啡。"

越狱的间谍

间谍把子弹里的火药填到锁孔里，再点火将锁炸烂，然后逃出牢房。

谁偷了吉祥物

A 是底线后卫，B 是四分卫，C 是中锋，D 是流动后卫。乙队的吉祥物是中锋偷的。

聪明反被聪明误

回到门口时，甲是"跨过他叔叔的身体"的。那么，在他去开灯时，他肯定也要跨过他叔叔的身体才行。但是，只有当他事先知道他叔叔已经横卧在地板上时，才有可能在伸手不见五指的黑暗中去开灯而不被绊倒。

第四部分

逻辑判断力训练

有一首歌中这样唱到："是也不是，不是也是。"不过，在逻辑上是不存在这样的情况的，因为"是就是，不是就不是"。那么，在纷繁的条件中如何能够看出"是"或"不是"呢？这就需要运用你的逻辑判断力了！广大青少年朋友接触最多的思维游戏就是逻辑判断题了。

逻辑判断力的提高可以通过两个途径来实现：一是多做思维游戏；二是学习逻辑学，掌握逻辑判断的技巧。当然，学习逻辑学不但需要灵活的头脑，也需要扎实的基础知识，这就需要青少年朋友打好基础再去实践了。下面就让我们一起来看看下面的思维游戏吧！

谋杀案的凶手

一个四口之家，发生了谋杀案。一对夫妇和他们的一儿一女中，有一个人杀死了另一个人，第三个人是谋杀的目击者，第四个人是从犯。此外，这四个人中：

（1）从犯和目击者是异性；

（2）年龄最大者和目击者是异性；

（3）年龄最小者和死者是异性；

（4）从犯比死者年龄大；

（5）父亲年龄最大；

（6）凶手不是年龄最小者。

这家的四口人中，谁是凶手？

培养系数：★★★☆☆

猫的主人

三个喜欢猫的好朋友，分别用一个朋友的名字来给自己的猫取名。下面的线索中有一个是真实的，其余的是虚假的。

（1）甲的猫取名要么是乙，要么是丙；

（2）丁的猫取名是丙；

（3）乙的猫取名要么是甲，要么是丁；

（4）取名为丁或者甲的猫都不是丙的；

（5）取名为乙的猫不属于甲或者丁。

请问，哪个朋友有哪一只猫？

培养系数：★★★☆☆

会妖法的女子

有4个女子，其中有1人有妖法，她经常撒谎。甲和另外两个人是好孩子，她们从不说谎。4个人都系绿色围巾，其中的两条围巾是有妖法的，系上这种围巾即使是好孩子也会说谎，而且，4个人又都带着黄色蝴蝶发带，其中的两条发带是有妖法的，它会使妖法围巾的妖法消失（但是，对有妖法的女子是没有效果的）。

乙说："丙系着有妖法的围巾。"

丙说："丁戴着妖法蝴蝶发带。"

丁说："甲系着妖法围巾。"

甲说："丙是有妖法的女子。"

请问哪两个人系着妖法围巾，哪两个人戴着妖法发带呢？另外，哪个是会妖法的女子呢？

培养系数：★★★☆☆

三个人的秘密年龄

A、B、C三人的年龄一直是一个秘密。将A的年龄数字的位置对调一下，就是B的年龄；C的年龄的两倍是A与B两个年龄的差数；而B的年龄是C的10倍。

你知道A、B、C三人的年龄各是多少吗？

培养系数：★★☆☆☆

魔鬼、人和天使

魔鬼说的都是假话，而人有时说假话，有时说真话。但天使总是说真话。

现在甲说："我不是天使。"乙说："我不是人。"而丙则说："我不是魔鬼。"

你能判断出他们的身份吗？

培养系数：★★★☆☆

三个牛仔

甲、乙、丙之间有深仇大恨，不得不以手枪决斗了结。三个牛仔抽签决定决斗顺序，并约定他们每人开一枪，直到只剩一个人活着。

甲和乙都是百发百中的神枪手，但丙打中的概率只有50%。

从这些条件中，你能算出谁最可能活下来吗？

培养系数：★★★☆☆

谁是牧羊人

"马车夫"先生、"管家"先生、"牧羊人"先生和"猎手"先生一起去应聘马车夫、管家、牧羊人和猎手这四份工作。结果没有一个人得到的工作和他的名字相关。

(1)"猎手"先生没有被聘为管家。

(2)"管家"先生没有当猎手。

(3)"牧羊人"先生被聘为马车夫。

(4)"马车夫"先生去当猎手了。

按照以上的结果，"管家"先生应该得到了管家的工作，但这显然不对。已知以上四条里有三条是假的。

请问最后谁当了牧羊人？

培养系数：★★★☆☆

火车穿越隧道

在一列火车里，三个人坐在打开着的窗边。火车过隧道时，煤烟灰把他们的脸都弄脏了。他们看见对方的脸后都大笑起来。突然其中一个人停止了笑，因为他意识到自己的脸也被弄脏了。

他是怎么推理的？

培养系数：★★☆☆☆

四对亲兄弟

有一个楼里住着四户人家，每家各有两个男孩。这四对亲兄弟中，哥哥分别是甲、乙、丙、丁，弟弟分别是 A、B、C、D。

一次，有个人问："你们究竟谁和谁是亲兄弟呀？"乙说："丙的弟弟是 D。"丙说："丁的弟弟不是 C。"甲说："乙的弟弟不是 A。"丁说："他们三个人中，只有 D 的哥哥说了实话。"

丁的话是可信的，那人想了好半天也没有把他们区分出来。你能区分出来吗？

培养系数：★★★☆☆

狄利克雷的房间

有一家旅店，共有 12 个房间，依次为 1 号、2 号、3 号……12 号。一天，来了 13 位客人，要求各自单独住一间房间。

旅店老板思索一番，想出了一个解决办法：他先让两个客人暂时住进 1 号房间，然后把其余的客人按顺序依次分配到剩余房间里。于是 1 号房间住进了两个人：3 号客人住在 2 号房间，4 号客人住在 3 号房间，5 号客人住在

4 号房间……12 号客人住在 11 号房间。最后，再把最先安排的 13 号客人从 1 号房间转到空着的 12 号房间里。于是皆大欢喜，13 位客人都满意地单独住进了 12 个房间里。

这样的安排显然不怎么对劲儿，可问题出在哪儿呢？

培养系数：★★★☆☆

奇怪的姐妹

有一对貌美的姐妹。姐姐在上午说真话，下午只说假话；妹妹正好相反，下午说假话，上午才说真话。

有人问姐妹俩："你们两个谁是姐姐呀？"于是胖一点的回答道："我是。"瘦一点的回答也是"我是"。当再问道"现在几点钟"时，胖一点的回答"快到中午了"，瘦一点的则回答"已经过了中午"。

请问，现在是上午还是下午，哪一个是姐姐呢？

培养系数：★★★☆☆

四个朋友购物

A、B、C 和 D 四个朋友到某商厦购物。他们分别买了一块表、一本书、一双鞋和一架照相机。这四样商品分别在一至四层购买，当然，上述四样商品的排列顺序不一定就是它们所在的楼层的排列顺序，也不一定等同于他们的买主被提及的顺序。已知 A 去了一层；表在四层出售；C 在二层购物；B 买了一本书；A 没有买照相机。

你能根据线索确定谁在哪一层购买了哪样商品吗？

培养系数：★★★☆☆

谁是聪明人

A、B、C三个人一起参加了物理和化学两门考试。3个人中，只有一个聪明人。

A说：

1. 如果我不聪明，我将不能通过物理考试；

2. 如果我聪明，我将能通过化学考试。

B说：

1. 如果我不聪明，我将不能通过化学考试；

2. 如果我聪明，我将能通过物理考试。

C说：

1. 如果我不聪明，我将不能通过物理考试；

2. 如果我聪明，我将能通过物理考试。

考试结束后，证明这三个人说的都是真话，并且：第一，聪明人是三人中唯一的一个通过这两门科目中某门考试的人；第二，聪明人也是三人中唯一的一个没有通过另一门考试的人。

那么，这三人中，谁是聪明人？

培养系数：★★★☆☆

撒谎的病人

一个精神病医生在寓所被杀，他的四个病人受到警方传讯。警方根据目击者的证词得知，在医生死亡那天，这四个病人都单独去过一次医生的寓所。在传讯前，这四个病人共同商定，每人向警方提供的供词条条都是谎言。

每个病人所提供的两条供词分别是：

甲：

(1) 我们四个人谁也没有杀害精神病医生。

（2）我离开精神病医生寓所的时候，他还活着。

乙：

（3）我是第二个去精神病医生寓所的。

（4）我到达他寓所的时候，他已经死了。

丙：

（5）我是第三个去精神病医生寓所的。

（6）我离开他寓所的时候，他还活着。

丁：

（7）凶手不是在我去精神病医生寓所之后去的。

（8）我到达精神病医生寓所的时候，他已经死了。

从否定这八条供词入手，就可以判定这四个病人到达医生寓所的先后顺序以及医生被害的时间，你能判断出这四个病人中是谁杀害了精神病医生吗？

培养系数：★★★☆☆

三个人的午饭

甲、乙、丙三个人去餐厅吃饭，他们每人要的不是火腿就是猪排。我们已知下列情况：

（1）如果甲要的是火腿，那么乙要的就是猪排。

（2）甲或丙要的是火腿，但是不会两人都要火腿。

（3）乙和丙不会两人都要猪排。

你知道谁昨天要的是火腿，今天要的是猪排吗？

培养系数：★★☆☆☆

简单的糊涂账

有一个非常小气的人，做什么事都斤斤计较。

有一次，他去饭店吃饭，花1元钱点了1碗清汤面。面端上来了，他又要服务员给他换一碗西红柿鸡蛋面。服务员说："西红柿鸡蛋面是两元钱1碗，请您先把钱付清。"

小气鬼明知故问："我刚才不是已经付过了吗？"

服务员耐心地回答："刚才您付了1元钱，但西红柿鸡蛋面是两元钱，还差1元没有付清。"小气鬼说："我刚才明明付了1元钱，现在又把值1元钱的面还给了你，钱不是正好吗？"

服务员说："那碗面本来就是店里的呀！"

小气鬼说："对呀，我不是还给你了吗？"服务员被弄得一头雾水。

你知道这笔账该怎么算吗？

培养系数：★★☆☆☆

大学生的成绩

大学生甲的成绩向来都是全班最差的，但在最近一次模拟考中，他居然考了第一名。导师非常怀疑地查问了甲作弊的三个好朋友——A、B、C。

以下是他们所说的话：

A："如果甲作弊的话，那一定是抄袭C的答案。"

B："如果甲作弊的话，那一定不是抄袭我的答案。"

C："如果甲没有作弊的话，那一定是他自己努力的结果。"

导师听了之后想："如果三个学生中只有不到两个人说谎的话，那甲便是自己努力的结果！"

请问，甲考第一名的原因到底为何？

培养系数：★★★☆☆

美女的裙子

一个美女最近买了一条新款裙子。朋友们急着想一睹风采，可美女却还在卖关子，只给她们一个提示："我这条裙子的颜色是红、黑、黄三种颜色其中的一种。”

“美女一定不会买红色的。”甲说。

“不是黄的就是黑的。”乙说。

“那一定是黑的。”丙说。

最后，美女说：“你们之中至少有一个人是对的，至少有一个人是错的。”

请问，美女的裙子到底是什么颜色的呢？

培养系数：★★★☆☆

赔钱卖葱的农民

农贸市场上，一个农民正在吆喝着卖葱：“大葱一捆 10 斤，1 元钱 1 斤喽！新鲜的大葱，快来买啊！”

有个人走过来，看了看大葱，说：“我全都买下了。不过，我要分开来称，葱白 7 角 1 斤，葱叶 3 角 1 斤，这样葱白和葱叶加起来还是 1 元，你也没有吃亏，行不行？”

农民想了想，觉得买葱的人说得有道理，就答应了。他把葱切开，葱白 8 斤，葱叶 2 斤，加起来 10 斤，8 斤葱白是 5.6 元，2 斤葱叶 6 角，共计 6.2 元。

买葱的人走后，农民越想越不对劲，原来计划好能卖 10 元钱的，怎么好端端地只卖了 6.2 元呢？只不过是换了一种称法呀！

你想到问题出在哪里了吗？

培养系数：★★☆☆☆

村口的绞架

有一个古老的民族。这里每个要出村口的人都得回答守村口的士兵，告诉他出村口进城的目的是什么。如果事后发现他说谎，士兵就要把他吊死在村口的绞架上。如果他说的是真话，那么士兵无权碰他。

一天，有一个人告诉士兵说，他出村口的目的就是要让士兵把他吊死在绞架上。

士兵这下傻了眼：如果真的把他吊死在绞架上，此人说的就是真话，按规矩士兵就不能动他了。但如果让他平安出村口，他肯定不会去自寻了断，就成了撒谎。士兵就失职了。

如果您是士兵会如何处理？

培养系数：★★☆☆☆

到底谁在说谎

一个瓜农一直非常精心地侍弄自己的西瓜地。一次，他患了很严重的病，不能到田里去了，可他放心不下地里的西瓜，于是让两个儿子去田里看看西瓜的长势。大儿子回来说："西瓜有碗口大小。"而小儿子却说："西瓜只有碗底那么大。"

过了8天，瓜农的病痊愈了，他到田里一看，发现西瓜果然有碗口那么大。

你知道当时两个儿子谁说了假话吗？

培养系数：★★☆☆☆

谁是真正的小偷

警察正在盘问一宗珠宝盗窃案的5个嫌疑犯A、B、C、D、E。他们当中只有三个人说的是真话。根据他们的说法，你能判断出谁是盗贼吗？

A说："D是小偷。"

B说："我是无辜的。"

C说："E不是小偷。"

D说："A说的全是谎话。"

E说："B说的全是真话。"

培养系数：★★★☆☆

共有多少人

甲："今天是这个工程的最后一天，而这个组就剩下我们两个人了。为了完成这个'世界之窗'的雕塑我们已经花了好几个月的时间，要知道这个月数跟我们组的人数相同！"

乙："是啊，如果我们组再多六个伙伴的话，那么我们就可以在一个月内把这个雕塑完成！"

你能否根据上面的对话所给出的信息判断出雕塑组一共有多少人呢？

培养系数：★★★☆☆

帽子的颜色

让三个人位于垂直于墙的一条直线上，眼睛被蒙上。然后从装有三顶红色帽子和两顶黑色帽子的箱中取出三顶让他们三人戴上，并将以上信息告知他们。接着把他们眼睛上的蒙布拿掉，要求每人确定各自所戴帽子的颜色。

离墙最远的那个看到前面两人帽子的颜色后说："我不知道我所戴帽子的颜色。"

离墙第二远的那个人听到上面的回答，又看了前面一个人戴的帽色，也回答自己不知道。

第三个人虽然看到的只是墙，但他听到了前面两人的回答后，说："我知道自己所戴帽子的颜色。"

试问，他戴的帽子是什么颜色？他又是怎样确定的呢？

培养系数：★★★☆☆

谁是白马王子

一位美女心目中的白马王子是高个子、小麦肤色、相貌英俊的人。她认识甲、乙、丙、丁四位男士，其中有一位符合她要求的全部条件。

（1）四位男士中，只有三人是高个子，只有两人是小麦肤色，只有一人相貌英俊；

（2）每位男士都至少符合一个条件；

（3）甲和乙肤色相同；

（4）乙和丙身高相同；

（5）丙和丁并非都是高个子。

谁能够符合美女要求的全部条件，也就是说谁有可能成为美女的白马王子呢？

培养系数：★★★☆☆

聪明的死囚

一位法官判处一个人为死罪，这个人听到消息后非常恐惧。法官下令：从明天开始，到第七天傍晚，必须把这个死囚拖到刑场绞死。但如果在处决他的那一天早晨死囚知道了自己要被处以绞刑，那么这一天就不能处死他。

死囚听到这个规定后非常高兴，认为自己不可能被处死了。你觉得可能吗？

培养系数：★★★☆☆

专业的刑警

甲是一名经过专业训练的刑警。基于他出色的表现，上司让他去欧洲免费度假。一天，他在海滩上享受完日光浴后，回到了宾馆。正在这时，从走廊传来女人的呼救声。他寻声找去，在213房间门前站着一个年轻妇女在哭喊着。从开着的门看到房间里一个男人倒在安乐椅上。对尸体做了简单检查后，确认此人刚死，子弹穿入心脏。

当地警署也派人来了。那个年轻妇女边哭边说："几分钟前，听到有人敲门。我打开门时，门外一个戴面具的人，朝我丈夫开了枪，把枪扔进房间就跑了。"地毯上有一支装着消音器的手枪，左侧两个弹壳相距不远，在死者身后的墙上有一个弹洞。

甲告诉警署人员："把这位太太带回去寻问。"

甲为什么对死者的妻子产生了怀疑呢？

培养系数：★★☆☆☆

真的假不了

一天，甲和好朋友乙、丙在学校的教室里一起做作业，很晚的时候，他们三人在走廊上捡到一张银行卡。三人都不约而同地想到办公室去交给老师。老师问他们，银行卡是谁拾到的。三个淘气的小家伙都笑着不作声，说是要考考老师。

甲说："这卡不是我拾到的，也不是乙。"

乙说："不是我，也不是丙。"

丙说："不是我，我也不知道是谁拾到的。"

3个人还告诉老师，他们每人说的两句话中，一句真，一句假。于是，老师很快就判断出银行卡是谁拾到的了。

你知道银行卡是谁拾到的吗？

培养系数：★★★☆☆

愚蠢的花花公子

下面是花花公子甲对漂亮小姐乙所说的话："去年圣诞节前一天的早上，我和海军上尉一同赶往海军在北极的气象观测站。突然，海军上尉摔倒了，大腿骨折。10 分钟之后，我们脚下的冰层也开始松动了。我们开始向大海漂去。我意识到如不马上生个火，我们都会被冻死的，但是火柴用光了。于是，我取出一个放大镜，又撕了几张纸片，放在一个铁盒子上，用放大镜将太阳光聚焦后点燃了纸片。感谢上帝，火拯救了我们的生命。更幸运的是，24 小时后我们被一艘经过的快艇救了起来。人人都说我临危不惧，采取了自救措施，是个英雄。”

漂亮小姐乙听后，说花花公子甲骗人。

你知道乙是怎么知道的吗？

培养系数：★★★☆☆

谁在说真话

有三个孩子不是一直说真话就是一直说假话。你能分辨吗？

第一个孩子说：“我在说真话。”

第二个孩子说：“他说他在说真话。”

第三个孩子说：“他没有说真话。”

培养系数：★★☆☆☆

谁的年龄大

甲和乙是姐妹，有一天她们被别人问到谁的年龄比较大。

甲说：“我的年龄比较大。”

乙说：“我的年龄比较小。”

她们两个不是双胞胎，而且她们之中至少有一个人在说谎。

那么请问：到底谁的年龄比较大？

培养系数：★★☆☆☆

怎么排座位

一家人非常喜欢玩游戏。这天中午吃饭，爷爷先在圆形的餐桌前坐了下来，问其他 4 个人要怎么坐。没想到他们连这个也要说谎。

妈妈："我坐女儿旁边。"

爸爸："我坐儿子旁边。"

女儿："妈妈是在弟弟的左边。"

儿子："那我右边是妈妈或姐姐。"

请问：他们一家人到底是怎么坐的？

培养系数：★★★☆☆

谁在前，谁后面

甲、乙、丙、丁、戊和己 6 个人排成一排开始训练。己没有排在最后，而且他和最后一个人之间还有两个人；戊不是最后个人；在甲的前面至少还有四个人，但他没有排在最后；丁没有排在第一位，但他前后至少都有两个人；丙没有排在最前面，也没有排在最后。

请问：他们 6 个人的顺序是怎么排的？

培养系数：★★★☆☆

会说话的指示牌

篮球场、健身房和足球场是从教室通往宿舍的三个路过地点。一天，新生甲来到篮球场，看到一个指示牌，上面写着："到健身房 400 米到足球场 700 米"。她很受鼓舞，继续往前走。但当她走到健身房时，发现这里的指示牌上写着："到篮球场 200 米，到足球场 300 米"。

聪明的她知道肯定哪里出了问题，因为两个指示牌有矛盾的地方。她继续朝前走，不久到达足球场。这里的路标上写着："到健身房400米，到篮球场700米"。甲感到困惑不解，她顺便询问一个过路的老师。

老师告诉他，沿途的这三个指示牌，其中一个写的都是假话，另一个写的都是真话，剩下的那一个写的一半是假话，一半是真话。

你能指出哪块指示牌写的都是真话，哪块路标写的都是假话，哪块路标写的一半是真话一半是假话吗？

培养系数：★★★☆☆

五个女大学生

有五名女大学生，他们所在的班不同。每名学生都可以选择自己喜欢的课程和体育运动。

（1）甲在3班，乙喜欢跑步。

（2）有个女孩喜欢打壁球，她不在5班。

（3）4班的那个女孩喜欢游泳。

（4）丙喜欢化学。

（5）喜欢跑步的那个女孩在2班。

（6）戊喜欢历史但不喜欢打网球。

（7）喜欢化学的那个女孩同样也喜欢打篮球。

（8）丁在6班，喜欢打壁球，但不喜欢地理。

（9）喜欢生物的那个女孩同样也喜欢跑步。

判断出每个女孩所在的班、喜欢的课程和体育运动。

培养系数：★★★☆☆

真实的判断

一个老人说，他们所有的孙子都不满17岁，所有的孙女都很漂亮，所有的孙子都是红发蓝眼。最大的孙子长着红头发，法定选举年龄是18岁，根据以上情况可以断定下面的哪个叙述是真实的？

A. 最大的孙子没有参加选举。

B. 最大的孙子是一个漂亮的孩子。

C. 最小的孙子会开车。

D. 最小的孙子长着短发。

培养系数：★★☆☆☆

兔子的谎言

有四只兔子，年龄分别为一岁到四岁。它们中有两只说话了，无论谁说话，如果说的是关于比它大的兔子的话都是假话，说比它小的话都是真话。兔子甲说："兔子乙三岁。"兔子丙说："兔子甲不是一岁。"

你能知道这四只兔子分别是几岁吗？

培养系数：★★☆☆☆

有几个天使

一个旅行家遇到了三个美女，他不知道哪个是天使，哪个是魔鬼。天使常常说真话，魔鬼只说假话。

甲说："在乙和丙之间，至少有一个是天使。"

乙说："在丙和甲之间，至少有个是魔鬼。"

丙说："我告诉你正确的消息吧。"

你能判断出有几个天使吗？

培养系数：★★☆☆☆

爱因斯坦的问题

许多著名的科学家常常喜欢出一些有趣的题目，伟大的物理学家爱因斯坦就出过这样一道题：《土耳其商人和帽子的故事》，就想考一考别人的机敏和逻辑推理能力。

题的内容是这样：有一个土耳其商人，想找一个助手协助他经商。但是，他要的这个助手必须十分聪明才行。消息传出的三天后，有甲、乙两人前来联系。

商人为了试一试甲、乙两个人中哪一个聪明一些，就把他们带进一间伸手不见五指的漆黑的房子里。商人打开电灯说："这张桌子上有五顶帽子，两顶是红色的，三顶是黑色的。现在，我把灯关掉，并把帽子摆的位置搞乱，然后，我们三人每人摸一顶帽子戴在头上。当我把灯开亮时，请你们尽快地说出自己头上戴的帽子是什么颜色的。"说完之后，他们就这样做了。

待这一切做完之后，商人把电灯重新开亮。这时候，那两个人看到商人头上戴的是一顶红色的帽子。

过了一会儿，甲喊道："我戴的是黑帽子。"甲是如何判断的？

培养系数：★★★☆☆

三个人的职位

甲、乙和丙在一个公司分别任主席、董事长和秘书的职位，但不知谁的职位是什么。现在只知道，秘书是独生子女，挣钱最少。而乙与甲的兄弟结了婚，挣的钱比董事长多。

根据这些条件，你能判断出他们分别任哪个职位吗？

培养系数：★★★☆☆

野炊的分工

兄弟4人去野炊，他们一个在挑水，一个在烧水，一个在洗菜，一个在淘米。现在知道：老大不挑水也不淘米；老二不洗菜也不挑水；如果老大不洗菜，那么老四就不挑水；老三既不挑水也不淘米。

你知道他们各自在做什么吗？

培养系数：★★★☆☆

麻烦的任务

有一个5人小组，要派遣若干人去完成某项任务，但需同时符合以下条件：

（1）丁和戊至少要去一人。

（2）乙和丙只能去一人。

（3）假如戊去，甲和丁就都去。

（4）丙和丁要么两人都去，要么两人都不去。

（5）如果甲去，那么乙也去。

请问：应该让谁去完成任务呢？

培养系数：★★★☆☆

谁当上了记者

某报社决定在某公司招聘一名业余记者，某公司推荐A、B、C、D、E、F 6人应试。究竟谁能被录用，公司甲、乙、丙、丁4位领导各自作出了自己的判断。

甲：A、B有希望；

乙：A、C有希望；

丙：E、F有希望；

丁：A不可能。

而结果证明：只有一个人的判断是对的。

请问，谁当上了业余记者？

培养系数：★★★☆☆

谁拿了谁的伞

一天，甲、乙、丙、丁、戊共5人聚会。由于下雨，各人带了一把雨伞。聚会完回到家后，每个人都发现自己拿回来的雨伞是别人的。

现已知：

(1) 甲拿回去的雨伞不是丁的，也不是乙的；

(2) 乙拿回去的雨伞不是丁的，也不是丙的；

(3) 丙拿回去的雨伞不是戊的，也不是乙的；

(4) 丁拿回去的雨伞不是丙的，也不是戊的；

(5) 戊拿回去的雨伞不是丁的，也不是甲的。

另外还发现没有两个人互相交换了雨伞（例如甲拿乙的，乙拿甲的）。

试问，丙拿回去的雨伞是谁的？丙的雨伞又被谁拿去了？

培养系数：★★★☆☆

海岛上的部落

说谎比识别谎言容易多了，不过这两种情况都考验人的智慧。说谎者更像艺术家，辨谎者更像哲学家。下面题中说谎者的谎言毫无艺术可言，这只是想让你成为一个善于辨别谎言的人。

有个海岛上住着两个部落，一个部落的成员总是说实话，另一个部落的成员总是说谎话。

一位旅游者碰到两个土著人，一位是高个子，另一位是矮个子。

“你说的是实话吗?”旅行者问高个子。

“是。”高个子回答道。

“他是一个说谎部落的人。”矮个子对旅游者说。

你能猜出他们各属于哪一个部落吗?

培养系数：★★★☆☆

小岛上的方言

一个晴朗的日子，一条船由于缺乏饮用水，在一个岛上靠了岸。这个岛上的人一部分总是说真话，另一部分总是说假话。可是，从表面上却无法将它们区分开采。他们虽然听得懂汉语，却只会说本岛方言。

船员们登陆后发现一眼泉水，可是，不知这里的水能不能喝。这时，恰巧碰到一个土族人，便问道：“今天天气好吗?”土族人答道：“梅拉塔——迪。”

再问：“这里的水能喝吗?”土族人答道：“梅拉塔——迪。”已知“梅拉塔——迪”这句话是岛上方言的“是”或“不是”中的一个。

你认为这里的水究竟能喝吗?

培养系数：★★★☆☆

鱼的主人是谁

有 5 栋 5 种不同颜色的房子；每一位房子的主人国籍都不同；这 5 个人每人只喝一种饮料，只抽一种牌子的烟，只养一种宠物；没有人有相同的宠物，抽相同牌子的烟，喝相同的饮料。

现在只知道：

(1) 抽混合烟的人的邻居喝矿泉水。

(2) 英国人住在红房子里。

(3) 住在中间房子的人喝牛奶。

(4) 德国人抽 PRINCE 烟。

(5) 丹麦人喝绿茶。

(6) 绿房子在白房子的左边。

(7) 养马人住在抽 DUNHILL 烟人的旁边。

(8) 挪威人住第一间房子。

(9) 绿房子主人喝咖啡。

(10) 瑞典人养了条狗。

(11) 抽 PALLMALL 烟的人养了只鸟。

(12) 黄房子的主人抽 DUNHILL 烟。

(13) 抽混合烟的人住在养猫人的旁边。

(14) 抽 BLUEMASTER 烟的人喝啤酒。

(15) 挪威人住在蓝房子旁边。

谁养鱼?

培养系数：★★★☆☆

火中逃生的办法

德国有一种火灾救生器，其实就是在滑轮两边用绳索吊着两个大篮子。把一个篮子放下去的时候，另一个篮子就会升上来，如果在其中的一个篮子里放一件东西作为平衡物，则另一个较重的物体就可以放在另外的篮子里往下送。假如一只篮子空着，另一只篮子里放的东西不超过 30 磅，则下降时可保证安全。假如两只篮子里都放着重物，则它们的重量之差也不得超过 30 磅。

有一天夜里，甲的家里突然发生火灾。除了重 90 磅的罗宾逊和重 110 磅的妻子之外，他还有一个重 30 磅的孩子，和一只重 60 磅的宠物狗。

现在知道每只篮子都大得足以装进三个人和一只狗，但别的东西都不能放在篮子里。而且狗和孩子如果没有甲或他的妻子的帮助，自己不会爬进或爬出篮子。

你能想出好办法尽快使这三个人和一只狗安全地从火中逃生吗？

培养系数：★★★☆☆

五人的汽车比赛

有五个人进行汽车竞速赛，他们没有比成平局，是先后到达的，甲不是第一个，乙不是第一也不是最后一个，丙在甲后面到达，丁不是第二个，戊在丁后到达。

五个人到达的顺序是怎样的呢？

培养系数：★★☆☆☆

身后的彩旗

甲、乙、丙、丁四人坐在一张方桌的 4 面，每人身后放着一面彩旗，红色或黄色的，他们都能看到别人身后的彩旗，但看不到自己身后的彩旗，丁问：“你们每人看到了什么颜色的彩旗？”甲说：“我看到了三面黄色的彩旗。”乙说：“我看到了一面红色的彩旗和两面黄色的彩旗。”丙说：“我看到了 3 面红旗。”

这三个人的回答中，身后放黄色彩旗的人说了假话，而身后放红色彩旗的人说了真话。试问，谁的身后有红旗？

培养系数：★★★☆☆

两枚古钱币

有个人收购了两枚古钱币，后来又以每枚 60 元的价格出售了这两枚古钱币。其中的一枚赚了 20%，而另一枚赔了 20%。

与当初他收购这两枚古钱币相比，这个人是赚了，赔了，还是持平？

培养系数：★★☆☆☆

关于帽子的赌博

6个人在剧院寄存处寄放了他们的帽子。但服务员把他们的顺序搞混了。如果现在有人和你打赌，说至少有一个人能拿到他自己的帽子他就给你钱，这个赌你打吗？

培养系数：★★☆☆☆

多才多艺的姐妹

一位加拿大外交官的4个女儿甲、乙、丙、丁，都是音乐家，每个人演奏一种不同的乐器（这4种乐器分别是单簧管、笛子、钢琴和小提琴），每个人都讲一种不同的语言（法语、德语、西班牙语、意大利语）。

（1）演奏单簧管的女儿不讲法语或德语；

（2）讲西班牙语的女儿特别喜欢她的乐器，因为她不必把它带去上音乐课；

（3）丙不讲德语或西班牙语，她也不演奏单簧管；

（4）甲不是那个讲德语的女儿；

（5）丁不吹笛子，不演奏单簧管，甲也不演奏单簧管。

根据上面的句子，你能判断出4个人分别演奏哪种乐器，讲什么语言吗？

培养系数：★★★☆☆

谁偷了上等牛排

某公司老板有一个巨大的商用冷库，里面装满了上等的牛排。一天夜里，一个小偷打开了冷库的大门，偷走了整整一卡车牛排。

三名嫌疑人被传讯。每个嫌疑人都是人所共知的惯窃，而且都能找到整整一车牛排的买主。他们的陈述如下。其中，每个嫌疑人都作了两次真实的、两次虚假的陈述。

A：

（1）对窃贼来说，哪一天都是好日子；

（2）我找不到一车牛排的买主；

（3）我是用我的摩托车拉走的；

（4）我看见是 C 偷的。

B：

（1）我不会开卡车；

（2）我说的并不全是真的；

（3）我是清白的；

（4）A 说的全是真的。

C：

（1）我说的全是假的；

（2）我会开卡车；

（3）我们全是清白的；

（4）A 有销赃的买主。

你能判断出谁是小偷吗？

培养系数：★★★☆☆

真假难辨

请看图，图中表格的含义是：A 指责 B 说谎话，B 指责 C 说谎话，C 指责 A 和 B 都说谎话。

那么请问，到底谁说真话，谁说假话？

培养系数：★★★☆☆

	A	B	C
A		谎	
B			谎
C	谎	谎	

老同学的争论

有七个老同学，他们所在的公司休息日是星期几各不相同；对于今天是星期几，他们也记不清了，因此争论不休。他们的讨论如下：

A 说：昨天是星期三。

B 说：明天是星期二。

C 说：错了，明天是星期三。

D 说：后天才是星期二。

E 说：不对，今天是星期二。

F 说：今天不是星期一，也不是星期二，也不是星期日。

C 说：今天肯定不是星期六。

现在我们知道，七个人当中只有一个人说对了。

那么，你知道今天究竟是星期几吗？

培养系数：★★★☆☆

哪种花色是王牌

扑克牌有 4 种花色：黑桃、草花、红桃、方块。一副牌局中，某种花色比其他花色同点数的牌大，则称这种花色为王牌。例如，如果方块为王牌，则方块 5 比黑桃 5 大。

在某副牌局中，有一手牌包括：

（1）正好 13 张牌；

（2）每种花色至少有一张牌；

（3）每种花色的牌的数目不一样；

（4）红桃和方块总数是 5 张；

（5）红桃和黑桃的总数是 6 张；

（6）王牌的数目是两张。

哪种花色是王牌？

培养系数：★★★☆☆

智力晚会上的游戏

智力晚会开始了，主持人对观众说："A、B、C 三位同学中，一个叫'真真'，从来不说假话；一个叫'假假'，从来不说真话；一个叫'真假'，有时说真话，有时说假话。现在，我们开始向这三位同学提问，请大家注意他们的回答。"

主持人问同学 A："请问，B 叫什么名字？"

"他叫真真。"同学 A 回答。

主持人问同学 B："你真是真真吗？"

"我不是真真，我是假假。"同学 B 回答。

主持人又问同学 C："请问，B 到底叫什么名字？"

"他叫假假。"同学 C 回答。

主持人最后问观众："请大家想想，A、B、C 三位同学中，究竟谁是真真，谁是假假，谁是真假呢？"

培养系数：★★★☆☆

谁和谁比赛

体育馆里正在进行一场精彩的室内网球双打赛。甲、乙、丙、丁这 4 位大家熟悉的运动员正准备上场，观众相互议论。

（1）甲比乙年轻。

（2）丙比他的两个对手年龄都大。

（3）甲比他的搭档年纪大。

（4）乙和甲的年龄差距要比丙和丁的差距更大一些。

请问：4 位运动员的年龄顺序为何？谁和谁搭档？

培养系数：★★★☆☆

少数民族

甲、乙、丙、丁、戊五位小朋友一起去看画展。在一幅少数民族画像前，五位小朋友津津有味地指点起来：

甲说：A 是回族，B 是苗族。

乙说：C 是苗族，E 是回族。

丙说：B 是藏族，D 是傣族。

丁说：B 是高山族，C 是藏族。

戊说：A 是高山族，D 是藏族。

讲解员听了他们的议论，笑了笑说："你们五位小朋友都各自说对了一半。"

那么，究竟哪半对了，哪半错了，也就是说，究竟 A、B、C、D、E 五个头像各属于什么少数民族呢？

培养系数：★★★☆☆

记错的血型

甲、乙、丙、丁四人的血型分别是 A 型、B 型、O 型、AB 型四种血型中的一种，而且各不相同。根据四个自述：

甲说："我是 A 型。"

乙说："我是 O 型。"

丙说："我是 AB 型。"

丁说："我不是 AB 型。"

其中有三人讲的是对的，只有一人把自己的血型记错了。

你能推理出究竟是谁记错了吗？

培养系数：★★★☆☆

各是第几名

某学校举行了一次马拉松赛跑，A、B、C、D、E、F、G、H 共八人参加了比赛。比赛结束后，他们有这样一段对话：

A 说："B 得了第一名；G 不在我的前面。"

B 说："E 没有 G 跑得快；D 不在 H 的前面。"

C 说："H 不比我跑得快；F 不在 D 的前面。"

D 说："我得了第二名；C 不是最后一名。"

E 说："我不在 F 的前面；B 不在我的前面。"

F 说："A 得了第一或者第二名；E 不是第四名。"

G 说："有两人同时到达了终点；D 不在我前面。"

H 说："A 不在我的前面；B 不在 D 的前面。"

这八名运动员每人都讲了两种情况。据一位观看了这次比赛的人说，在他们讲述的这 16 种情况中，只有一种是正确的。

试问，哪一种是正确的？这 8 名运动员分别得了第几名？

培养系数：★★★☆☆

是谁闯的祸

有甲、乙、丙、丁 4 个小朋友在踢足球。其中一个孩子不小心把足球踢到楼上打碎了一位邻居家的玻璃。邻居非常生气地走下楼来，问是谁干的。甲说是乙干的，乙说是丁干的，丙说他没干，丁说乙在撒谎。他们四个当中，有三个说了假话。

你知道是谁打碎了邻居家的玻璃吗？

培养系数：★★☆☆☆

汽车是谁的

甲、乙和丙每人都拥有3辆车：一辆双门、一辆四门、一辆五门。每个人也都分别有一辆别克、一辆现代、一辆奥迪牌汽车。但是，同一品牌的汽车的门的数量却各不相同。甲的别克汽车的门的数量与乙的现代汽车的门的数量一样；丙的别克汽车的门的数量与甲的现代汽车的门的数量一样；甲的奥迪汽车为双门，而乙的奥迪汽车则有四门。

请问：

(1) 谁拥有一辆双门的别克汽车？

(2) 谁拥有一辆四门的别克汽车？

(3) 谁拥有一辆五门的别克汽车？

(4) 谁拥有一辆五门的现代汽车？

(5) 谁拥有一辆五门的奥迪汽车？

培养系数：★★★☆☆

家庭成员中的男女

有这样一个家庭，其成员只有甲、乙、丙、丁、戊、己、庚兄弟姐妹七人。在七人中，只知道：

(1) 甲有三个妹妹；

(2) 乙有一个哥哥；

(3) 丙是女的，她有两个妹妹；

(4) 丁有两个弟弟；

(5) 戊有两个姐姐；

(6) 己是女的，她和庚都没有妹妹。

你能判断出这个家庭中有几男几女，谁是男，谁是女吗？

培养系数：★★★☆☆

兄弟排座次

有老大、老二、老三、老四、老五、老六6个兄弟。这6兄弟都和与自己年龄最接近的哥哥和弟弟关系不好，他们围在一个圆桌上吃饭时绝对不能相挨坐在一起。

假如老三的旁边坐的不是老五，那么在老二的旁边坐着的是谁和谁呢？

培养系数：★★★☆☆

谁是说谎者

在逻辑岛上生活着两个民族，分别是A族和B族。A族人总说真话，B族人总说谎话。

一次，有旅行者路过此岛，遇到两个结伴而行的人。他问其中一个路人甲："你是A族人吗？"

旅行者没听清甲的回答，于是又问另一个路人乙："他说什么？"

乙说："他说'我是'。不过你不要相信他，他是在说谎。"

请问：这两个人是什么族的？

培养系数：★★★☆☆

侦探的行动

甲是一名侦探，最近，他查到了一伙抢劫犯。这伙抢劫犯现在锁定了一个目标——火车，现在他必须解救这辆车的旅客。他想发信号使刚刚从隧道中出来的火车停下，但是距离太远。正好，有辆汽车冲出隧道另一端的入口进入，这辆汽车正以75千米/小时往前行驶，这条隧道长为0.5千米，而火车需要6秒钟才能完全进入隧道。如果甲以最快的速度跑，他到达隧道的出口需要 27 秒的时间。

那么，要使火车司机在看到信号后停车，他是否足够快呢？

培养系数：★★★☆☆

羊、狼和白菜

一个农夫要带他的羊、狼和白菜过河，可是他的小船只能容下他以及他的羊、狼或白菜三者之一。如果他带狼走，留下的羊将吃掉白菜；如果他带白菜走，则留下的狼会将羊吃掉；只有当人在的时候，白菜和羊才能与它们各自的掠食者安全相处。

试问：农夫要怎样做才能把羊、狼和白菜都带过河？

培养系数：★★★☆☆

八个牌手

在一次大家庭的聚会上，四对夫妇在两个桌子上打扑克牌。他们的搭档分别是：

（1）甲太太与她的女婿搭档；

（2）乙先生的搭档是他妻子的弟弟；

（3）乙太太与她的妹妹是对手；

（4）甲先生与他的岳父是对手；

（5）丙太太的搭档是她的女儿；

（6）丁太太和她的爷爷搭档；

（7）甲先生的搭档是个男士，他们坐在桌子 1。

你能猜出这八个扑克牌手是如何组合的，桌子 1 和桌子 2 上各是哪些人吗？

培养系数：★★★☆☆

邻居的房子

有5家邻居，他们分别是甲夫妇、乙夫妇、丙夫妇、丁夫妇和戊夫妇。他们或者是隔壁邻居，或者是街对面的邻居。他们中有两家的房子是白色的，一家是灰色的，一家是绿色的，还有一家是蓝色的。

（1）两座白色的房子分别在街的两边，都在街道的西头；

（2）甲夫妇的房子与别的房子都不对着；

（3）乙夫妇的房子与甲夫妇的房子在街的同一边；

（4）蓝色的房子在东边紧挨着乙夫妇的房子，两家房子在街的同一边；

（5）丙夫妇的房子不是白色的，也不是灰色的，挨着戊夫妇的房子，而戊夫妇的房子在街的南边；

（6）丁夫妇的房子在丙夫妇的房子对面。

猜猜各家的房子在街道的哪边，各是什么颜色？

培养系数：★★★☆☆

谁被释放了

一名警察抓了5个犯罪嫌疑人，对他们的谈话做了记录：

A说：5个人中有1人说谎。

B说：5个人中有2人说谎。

C说：5个人中有3人说谎。

D说：5个人中有4人说谎。

E说：5个人都在说谎。

最后警察只释放了说真话的人，你判断一下释放了多少人吗？

培养系数：★★★☆☆

小熊的朋友是谁

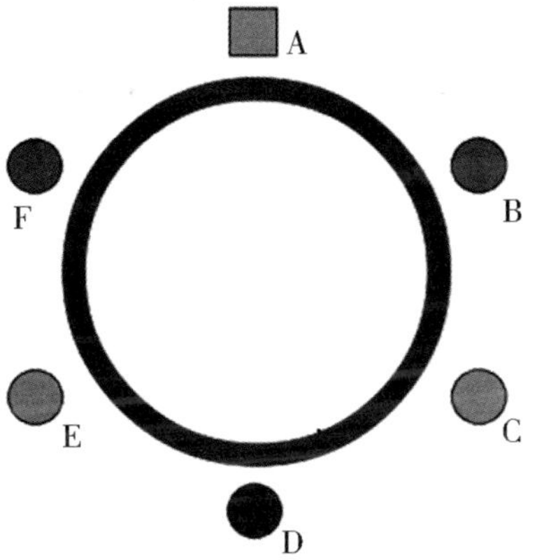

小兔、小猴、小鸡、小鸭、小狗和小熊在除夕夜会餐。一阵鞭炮响过，大家围着一张圆桌按 ABCDEF 的顺序坐了下来，如图所示，只有小熊没到。于是小熊的朋友马上从 A 凳上站了起来，说："我知道小熊的家，我去把小熊接来。"不一会儿，小熊的朋友果然把小熊接来了。

位置安排如下所述：

（1）小兔坐在小狗的对面；

（2）小鸡坐在小熊的朋友的对面；

（3）小熊的朋友坐在方凳子上；

（4）谁坐在小熊朋友的对面，谁就与小狗邻座；并且小狗坐在它左边，它右边的座位正好与小熊的座位相对；

（5）小鸭坐在小兔与小鸡之间。

你知道小熊的朋友是谁吗？

培养系数：★★★☆☆

六个专家的专业

六个不同专业的专家一起乘火车旅游。他们分成两组，每组三人，面对面地坐在一起。他们分别是杂文家、考古学家、音乐家、小说家、剧作家和诗人。他们每个人都带着自己专业的专著，但现在都正读着别人的专著：

（1）A 正在读杂文；

（2）C 正在读他对面的人的专著；

（3）B 坐在杂文家和音乐家之间；

（4）E 坐在剧作家的旁边；

（5）D 正在读剧本；

（6）A 坐在窗户边，并且对考古没兴趣；

（7）D 坐在小说家的对面；

（8）E 正在读一本音乐专著；

（9）F 从未读过一本诗集，显然，他不是诗人。

根据以上事实，你能判断出每个专家的专业吗？

培养系数：★★★☆☆

国王释放犯人

有 10 个犯人被带到国王那里，他们都戴着彩色帽，而且，自己看不见自己的帽子，只能看见别人的。国王对犯人说："你们好好看看周围的人，如果谁看见 3 个以上戴黄帽子的人，我就当场释放他。"说完，让人给几个犯人戴上了黄帽子。

你知道国王最后释放了几个人吗？

培养系数：★★★☆☆

答案及解析

谋杀案的凶手

由年龄最小者和死者是异性，可知死者不是年龄最小者。又，从犯比死者年龄大，可知从犯是父或母。又，年龄最大者和目击者是异性，而父亲年龄最大，因此，目击者是女性。又，从犯和目击者是异性，故从犯是男性，因而是父亲。

如果死者是女性，则由年龄最小者和死者是异性，可知年龄最小者是男性并且是凶手（因为目击者也是女性），但根据条件，凶手不是年龄最小者，因此，死者是男性即儿子，并且年龄最小者是女性，即女儿。同样，因为凶手不是年龄最小者，所以，凶手是母亲，女儿是目击者。

猫的主人

（1）丙的猫名字叫丁；

（2）丁的猫名字叫甲；

（3）甲的猫名字叫乙；

（4）乙的猫名字叫丙。

会妖法的女子

会妖法的女子是丙。

系着妖法围巾的是丙和丁。

戴着妖法蝴蝶发带的是乙和丙。

三个人的秘密年龄

A是54岁，B是45岁，C是4岁半。

魔鬼、人和天使

甲是人，乙是天使，丙是魔鬼。

三个牛仔

虽然甲和乙命中率有100%，但丙活下来的概率最大。

理由：如果甲或乙首先开枪，那两个人中一个人必死无疑（因为他们是最大的威胁），然后就轮到丙射击。丙有50%的机会打死对手。如果丙抽到第一枪，他应该打偏，否则如果他打死了甲或乙中的一个，另一个就会打死他。

所以丙存活的机会是50%。

而甲和乙有相同的机会。如果他们没轮到先开枪，他们就得先被打，如果他们中某一个人先开枪，他们就有一个必死。因为两人的情况相同，所以他们俩得以存活的概率为 0 加上 50%除以 2，即 25%。

谁是牧羊人

“马车夫”先生当上了牧羊人。

火车穿越隧道

如果他的脸是干净的，那么另两个人中有一个会意识到他自己的脸是脏的。但他们都在笑，所以他推断他的脸是脏的。

四对亲兄弟

甲的弟弟是 D，乙的弟弟是 B，丙的弟弟是 A，丁的弟弟是 C。

在甲、乙、丙 3 个人中只有一个人说了实话，而且这个人是 D 的哥哥，因此乙说的是假话。乙不可能是 D 的哥哥。由乙说的话得知，丙也不可能是 D 的哥哥。所以丙说的也是假话。由此可得，丁的弟弟是 C。由于甲、乙两人都说了谎，而丁又不是 D 的哥哥，因此甲一定是 D 的哥哥，甲说的是实话。即：乙的弟弟是 B，丙的弟弟是 A。

狄利克雷的房间

这个问题的关键在于将 2 号客人与 13 号客人相混了。

这是一种“无中生有”的认知模糊，当我们的思路随着旅店老板走时，已经认可了他的安排。

问题是，暂时住进 1 号房间的两个人是谁？“1 号房间住进了两个人”的判断，是个模糊判断，它既可能被理解为“住的是 1 号客人与 13 号客人”，也可能被理解为“住的是 1 号客人与 2 号客人”。在这种模糊判断的误导下，人们很容易在安排过程中，以“相信”的认知心理，最终把 2 号客人给遗忘了。

但是，当最终的结果与事实相矛盾时，跟随旅店老板的思路就应该戛然而止，把有疑问的“相信”变为批判性的分析：先假定让 13 号客人住进 1 号房间，然后又按顺序把 1 号客人安排在 1 号房间，这样，1 号客人就同 13 号客人住进 1 号房间。接下来的安排理应是：2 号客人住 2 号房间，3 号客人住 3 号房间，4 号客人住 4 号房间……12 号客人住 12 号房间。

问题变得清晰了，由此我们也发现，我们的头脑太容易被他人的思维所左右，尤其是那些貌似合理的逻辑。

奇怪的姐妹

是上午。胖一点的是姐姐，瘦一点的是妹妹。

假定现在是下午，而姐姐下午说假话，那么姐姐（还不知道是哪一个），应该回答“我不是”才对，但回答却恰好相反，因而可以断定是上午。得出这个结论后就可判断说真话的是姐姐——即长得胖一点的。像这样的问题只要明确推论形式，构造假设就行了。突破口一旦找到了，问题就能轻而易举地解决了。

四个朋友购物

A在一层买了一双鞋；B在三层买了一本书；C在二层买了一架照相机；D在四层买了一块表。

谁是聪明人

聪明人是B。假设聪明人是A，则B和C都不是聪明人。这样就会得出A和C都没通过物理考试的结论，与条件矛盾，不成立。

假设聪明人是C，则A和B都不是聪明人。这样就会得出B和C都没通过化学考试的结论，与条件矛盾，不成立。

假设聪明人是B、则可得出B是唯一通过了物理考试，也是唯一的没有通过化学考试的人，所以成立。

撒谎的病人

根据“每个人的供词都是虚假”这一条，我们可以从反面得出以下八条真实的情况：

(1) 这四人中的一个人杀害了医生。

(2) 甲离开医生寓所的时候，医生已经死了。

(3) 乙不是第二个去医生寓所的。

(4) 乙到达医生寓所时，医生仍然活着。

(5) 丙不是第三个到达医生寓所的。

(6) 丙离开医生寓所的时候，医生已经死了。

(7) 凶手是在丁之后去医生寓所的。

(8) 丁到达医生寓所的时候，医生仍然活着。

根据这里的真实情况 (1) (4) (8) (2) (6) 可知，乙和丁是在甲和丙之前去医生寓所的。根据真实情况 (3)，丁必定是第二个去的，从而乙是第一个去的。根据真实情况 (5)，甲必定是第三个去的，从而丙是第四个去的。

精神病医生在第二个去他那儿的丁到达的时候还活着，但在第三个去他那儿的甲离开的时候已经死了。因此，根据真实情况（1），杀害医生的是甲或者丁。

再根据真实情况（7），可确定甲是凶手。

三个人的午饭

根据（1）和（2），如果甲要的是火腿，那么乙要的就是猪排，丙要的也是猪排。这种情况与（3）矛盾。因此，甲要的只能是猪排。于是，根据（2），丙要的只能是火腿。因此，只有乙才能昨天要火腿，今天要猪排。

简单的糊涂账

第一次的1元钱已经“变”成了面条，不能再计算进鸡蛋面的钱中。小气鬼还应该再付1元钱。

大学生的成绩

（1）A和B两人的说词相矛盾，所以必定是一真一假。也就是，三个人不可能都说谎，最多只有两个人说谎（要么两个人说谎，要么一个人说谎）。

（2）从有没有作弊的角度来看，甲数学考第一名的可能原因，要么有作弊，要么没作弊。据此，先假设A、B和C三人说的都是谎话，则其谎言背后隐含的真实状况为：

A：

1. 甲作弊，而且不是抄袭B的。

2. 甲没有作弊，而是幸运或努力的结果（排除作弊之后，当然就只剩下这两种可能状况了）。

B：

1. 甲作弊，而且一定是抄袭B的。

2. 甲没有作弊，而是幸运或努力的结果。

C：

1. 甲没有作弊。

2. 甲没有作弊，完全是幸运使然。

（3）根据（1）及（2），假设其中任两人说谎，则会得出如下的结果：

A和B：甲作弊，而且既抄袭B又没抄袭B。（结论自相矛盾）

A和C：甲没有作弊，而是幸运使然（因为C否定了努力的可能性）。但又可能是努力的结果。（结论互不相容）

B和C：甲没有作弊，而是幸运使然（因为C否定了努力的可能性），但又可能是努力的结果。（结论互不相容）

可见，不可能同时有两人说谎。

由此可见，三个人之中，既不

可能三个都说谎，也不可能同时有两个在说谎。所以，根据导师的说法，甲这次会考第一名，真的是自己努力的结果。

美女的裙子

用排列法可判断出这个美女的裙子是黄色。

赔钱卖葱的农民

葱原本是1元钱1斤，也就是说，不管是葱白还是葱叶都是1元钱1斤。而分开称后，葱白只卖7角、葱叶只卖3角，当然要赔钱了。

村口的绞架

“让士兵把他吊死”不等于“自寻了断”。此题的大前提是说谎就要被士兵吊死，说真话无事。当“问题人”出村口后，对士兵说一句“请把我吊死”时。即已达成此题要求，即说了真话。之后士兵是否答应“请把我吊死”的请求，并吊死他与此题的大前提已无必然关系。出于逻辑，士兵既可答应“请把我吊死”的请求，并吊死他；也可不答应“请把我吊死”的请求。您若是士兵，肯定出于人道精神，不答应“请把我吊死”的请求。

到底谁在说谎

是大儿子。因为瓜农是在8天后才去田里的，这时的西瓜不过碗口大小，就说明在8天前西瓜肯定没有这么大。

谁是真正的小偷

D和E是小偷。

共有多少人

这个雕塑组一共有三个石匠。如果三个人用三个月将“世界之窗”刻完，那么，一个人要用九个月才能完成，而九个人则用一个月就可以完成。

帽子的颜色

离墙最远的那个人必然看到了两顶红色的帽子，或者一顶红色的帽子和一顶黑色的帽子。因为如果他看到的是两顶黑色的帽子，便能知道自己戴的是红色的帽子。

中间的那个人看到的必然是红色帽子，因为如果他看到的是黑色帽子，他就能从第一个人的回答中知道自己必然戴着红色帽子。因此，面对墙的最前面的那个人便能推断出自己只能戴着中间那个人看到的红色帽子。

谁是白马王子

根据（1），有三位男士是高个子，另一位不是高个子。根据（4），乙和丙都是高个子。再根据（5），丁不是高个子。根据（2），丁至少符合一个条件，既然他不是高个子，那他一定是小麦肤色的人。但是美女心目中唯一的白马王子既要相貌英俊，还必须是高个子。根据（1），只有两位男士是小麦肤色。于是根据（3），甲和乙要么都是小麦肤色，要么都不是。因为丁是小麦肤色，所以甲和乙都不是小麦肤色的人，否则就有三位男士是小麦肤色了。根据（1）以及丁是小麦肤色的事实，丙一定是小麦肤色的人。

由于丁不是高个子，甲和乙都不是小麦肤色，而丙既是高个子又是小麦肤色，所以丙是唯一符合美女全部条件的人。因而他的相貌一定英俊。这时，情况变得明朗起来，让我们一起来归纳一下：

甲是高个子；

乙是高个子；

丙是高个子、小麦肤色、相貌英俊的人；

丁是小麦肤色的人。

聪明的死囚

不可能，死囚会被处死。

因为执行绞刑的日期可以放在规定日期内的任何一天。如果死囚提出“今天不能执行绞刑，因为我已经知道了今天要被处以绞刑，按照法官的命令，今天就不能执行绞刑了”的反对时，行刑者可以这样回答“要是这样的话，说明你还没有想到今天要执行绞刑，按照规定，你没有想到今天被处死，所以今天能够对你执行绞刑。”

专业的刑警

如果真像她所讲的那样，歹徒是在门外朝她丈夫开枪，弹壳就不会落在房间里，也不会落在左侧。因为从自动手枪里飞出的弹壳应该落在射手的右后方几米处。

真的假不了

银行卡是乙捡的。因为丙说银行卡不是他拾的，也不知道是谁拾到的，由此就可以判定：他的第二句话是假的，第一句话是真的。由此可以判断乙说的第一句话是假的，所以银行卡就是乙拾的。

愚蠢的花花公子

在圣诞节前一天，花花公子甲是无法利用太阳光在北极圈内生火的。因为从当年10月到大约第二年3月期间，北极圈里是没有阳光的。

谁在说真话

第一个孩子如果说的是真话，他就是个说真话的人；如果他说了假话，他就是个说假话的人。

无论第一个孩子说的是真是假，第二个孩子说的总是真话，所以他是说真话的人。

第三个孩子说话的真假与第一个孩子有关。如果第一个孩子说的是假话，那么他说的是真话；如果第一个孩子说的是真话，那么他在说假话。

可能性分别是（从左到右）：假—真—真或者真—真—假。两种可能都有，其中总是两个人说真话，一个人说假话。

谁的年龄大

答案：乙的年龄大。

怎么排座位

如图所示。从爷爷的左边开始。依次是儿子、女儿、爸爸、妈妈。

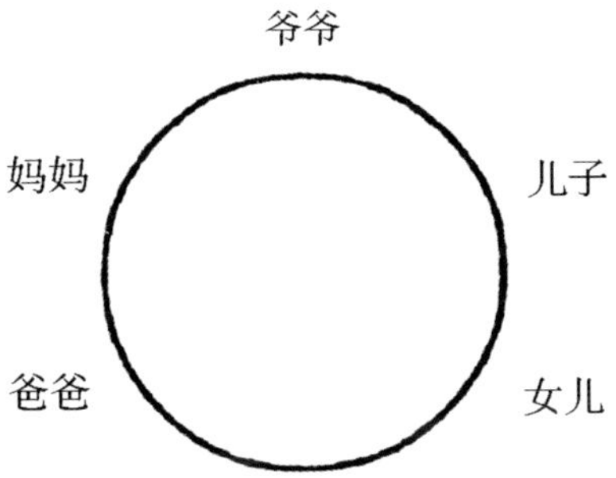

谁在前，谁后面

他们的顺序依次是：戊、丙、己、丁、甲、乙。

会说话的指示牌

足球场的指示牌上都是真话；健身房的指示牌上都是假话；篮球场的指示牌上一句是真话，一句是假话。

五个女大学生

名字	班级	课程	体育运动
丁	6	代数	壁球
乙	2	生物	跑步
戊	4	历史	游泳
甲	3	地理	网球
丙	5	化学	篮球

真实的判断

A是真实的。其他三点都是两

种可能。

兔子的谎言

甲 2 岁，乙 4 岁，丙 3 岁，丁 1 岁。

如果丙兔子说的是假话，丙就比甲年龄小，而且甲就是 1 岁，这是不可能的。所以丙兔子的发言是真实的，就是甲不是 1 岁，丙比甲的年龄要大。

如果甲的发言是真的，就是乙 3 岁，甲要比乙年龄大就是 4 岁，这与上面的分析是矛盾的。所以，甲的话是假的，乙也不是 3 岁，甲比乙的年龄要小。

根据以上分析，乙是 4 岁，丙是 3 岁，甲是 2 岁，剩下的丁就是 1 岁。

有几个天使

至少有两个天使。

假设甲是魔鬼的话，由此可推断他们几个都是魔鬼，那么，乙是魔鬼的同时又说了实话，存在矛盾。所以甲是天使。假设乙是天使的话，从她的话来看，丙就成了魔鬼，相反，假设乙是魔鬼的话，从她的话来看，丙就是天使了。所以，无论怎样，都会有两个天使。

爱因斯坦的问题

甲是这样推理的。如果我戴的也是红帽子，那么，乙就马上可以猜到自己是戴黑帽子（因为红帽子只有两顶）；而现在乙并没有立刻猜到，可见，我戴的不是红帽子。

可见，乙的反应太慢了。

结果，甲被土耳其商人雇用了。

三个人的职位

最好的办法是画一个表格，行表示职位，列表示人，在逻辑上行不通的格子里打“×”，在你认为对的格子里打“○”。

然后通过条件判断：

甲有兄弟，而秘书是独生子女，所以甲不是秘书。

丙比董事长挣钱多，而秘书挣钱最少，那么丙既不是董事长也不是秘书。

结果就是，乙是秘书，甲是董事长，丙是主席。

野炊的分工

老大洗菜，老二淘米，老三烧水，老四挑水。

麻烦的任务

如果派遣甲去，根据（5）乙也

去；派遣乙，根据（2）丙不去；不派遣丙，根据（4）丁不去，而戊必须去；派遣戊，根据（3）丁必须去。这样就推出了矛盾的结果，所以不能派遣甲。

如果派遣乙去，根据（2）丙不去；不派遣丙，根据（4）丁不去；不派遣丁，根据（1）戊必须去；派遣戊，根据（3）丁必须去。这样也推出了矛盾的结果，所以不能派遣乙。

如果派遣戊去，根据（3）甲和丁必须去；派遣甲，根据（5）乙也去；派遣乙，根据（2）丙不去；不派遣丙，根据（4）丁不去。同样推出矛盾的结果，所以不能派遣戊。

这样，在甲、乙、丙、丁、戊5个人中，只能让丙、丁两人去完成任务，才不会产生矛盾。

谁当上了记者

判断这道题的关键是“只有一个人的判断是对的”。甲、乙都说“A有希望”，则A被排除了。丁说“A不可能”，意味着其他5人都可能，那么根据题意，B被排除了（甲也说B有希望），C被排除了（乙也说C有希望），E、F也被排除了（丙说他们有希望）。这样，只有D当上了记者，才符合题意（只有丁一人的判断是对的）。

谁拿了谁的伞

由条件可知，甲拿去的伞只可能是丙或戊的：乙拿去的只可能是甲或戊的；丙拿去的伞只可能是甲或丁的：丁拿去的只可能是甲或乙的；戊拿去的只可能是乙或丙的。

先假设甲拿去的是丙的雨伞。这时戊拿去的只能是乙的，丁拿去的只能是甲的，丙拿去的只能是丁的，乙拿去的只能是戊的。这样，乙和戊互换了雨伞，与题意不符，因此假设不成立。

既然甲拿去的不是丙的，那便肯定是戊的了，于是可知乙拿去的是甲的，丙拿去的是丁的，丁拿去的是乙的。戊拿去的是丙的，此结果满足题目的一切条件。所以题目的答案是：丙拿去了丁的雨伞，丙的雨伞被戊拿去了。

海岛上的部落

当旅行者问高个子是不是说实话时，得到的回答必定是“是”。因为如果高个子是个说实话的人，他一定会如实地答复“是”；而如果他是个说谎话的人，他一定隐瞒真相，仍然回答“是”。

那么，矮个子土著人告诉旅游

者说，高个子说的是谎话，这样矮个子说的就是实话。

结论就是，高个子的人是说谎的人，矮个子的人是说实话的人。

小岛上的方言

能喝。

这天是晴天，这个土族人如果是说真话的，那么关于“好天气”的回答为“是”，“梅拉塔——迪”就是“是”的意思了，则“能喝吗?”的回答为“是”。

如果说的是假话，问天气时回答的“梅拉塔——迪”就是“不”的意思。那么，“能喝吗?”回答的是“不能”，因为他说的是假话，所以泉水的水是能喝的。

结论是这个土族人不管是说真话的人还是说假话的人，水都是能喝的。

鱼的主人是谁

德国人养鱼。

推理：

1	2	3	4	5
黄	蓝	红	绿	白
挪	丹	英	德	瑞
水	茶	奶	咖	啤
DUN	混	PAlL	PRI	BLUE
猫	马	鸟	鱼	狗

首先排好顺序 1 到 5，然后把挪威人放到 1 号里，可以看出 2 号房子是蓝的和 3 号房子的人喝牛奶，然后是绿的在白的左边，说明绿的只可能在 3 号或者 4 号，因为 2 号是蓝的。

又因为绿房子里的人喝咖啡，所以绿的不是 3 号房子而是 4 号，所以白的是 5 号，然后知道 1 号是黄色，挪威人抽 DUNHLL，而且知道 2 号养马。然后看喝啤酒的人抽 BLUEMASTER 香烟，两个都还空着的，这时只剩下 5 号和 2 号，如果是 2 号喝啤酒的话，那么抽混合烟的人就没地方放了，因为还剩下茶和矿泉水，而且茶不能放在 1 号，因为喝茶的是丹麦人，抽混合烟的人没办法放到喝矿泉水的人旁边，所以 5 号喝啤酒。然后得出 2 号住丹麦人喝绿茶抽混合烟，挪威人喝矿泉水，然后说明 5 号是瑞典人，因为德国人抽 PRINCE，还可以得出住 4 号绿房子的是德国人，抽的是 PRINCE。所以剩下的一种烟 PALLMAIL 就是英国人抽了，而且说明英国人养了鸟，然后得出挪威人养猫，瑞典人养的是狗。

所以最后只剩德国人养鱼。

火中逃生的办法

甲和他的妻子、孩子与狗可以

按照下列顺序逃生：

降下孩子——降下小狗，升上孩子——降下甲，升上小狗——降下孩子——降下小狗，升上孩子——降下孩子——降下妻子，升上其他人及狗——降下孩子——降下小狗，升上孩子——降下孩子——降下甲，升上小狗——降下小狗，升上孩子——降下孩子。

五人的汽车比赛

甲第一，往后依次是：戊、乙、丙、丁。

身后的彩旗

乙和丁的身后是红旗。

若丙的话真，则甲、乙应说真话，但他们的话矛盾。所以丙说了假话。若甲的话真，其他三人说了假话，但乙看到一红二黄也应是真的，矛盾。所以甲说的是假话。若乙说假话，那甲、乙、丙身后都是黄旗，如果丁身后是黄旗，那甲说的是真话了，这不可能，如果丁身后是红旗，那么乙就没有说假话。所以乙、丁身后是红旗。

两枚古钱币

赔了 5 元。

从一枚赚了 20%而另一枚赔了 20%的表面现象看，似乎是不赔不赚。但这两个比率所比的对象不同，因而也是两个相对数。如按每枚 60 元出售，则赚了 20%的古钱币，其收购价格为：60÷100/120＝50 元；另一枚赔了 20%的古钱币，其收购价格为：x×（1－20%）＝60 元，x＝75 元。

这样，两枚古钱币的收购价格为 60＋75＝125 元，而出售价格为 120 元，所以这个人在这次交易中，赔了 5 元钱。

关于帽子的赌博

应该赌。

通过计算我们可以知道，至少一个人拿到他自己的帽子的概率大约是 0.632，大于 0.5。所以，这个赌是可以打的。

多才多艺的姐妹

甲：钢琴；西班牙语

乙：单簧管；意大利语

丙：笛子；法语

丁：小提琴；德语

谁偷了上等牛排

C 偷了上等牛排。

真假难辨

竖看看表：有一人说A说谎，有两人说B说谎，也有一人说C说谎。既然A和C都说B说谎，那么他们俩要么都说谎，要么都说真话。如果A和C都说真话，那么C就不会指责A说谎话，这显然与题中C指责A说谎话相矛盾。因此A和C都说真话的假设是不成立的。所以只有A和C都说谎话，那么B就是说真话的，验证B对C的指责也是正确的。

所以最后判断的结果是：B说真话，A和C都说谎话。

老同学的争论

今天是星期六。

假如A说得对，即昨天是星期三，那么F说得也对。这与“只有一个人说得对”相矛盾。

照此方法推理，分别假设其他人说得对，就可以推出只有F说得对，且今天是星期六才符合条件。

哪种花色是王牌

根据条件（4）和条件（5），红桃的数目必定小于或等于4。假设红桃的数目是1，则方块的数目是4，黑桃的数目是5，草花的数目是3，这和王牌的数目是2矛盾，故不成王。

假设红桃的数目是2，则方块的数目是3，黑桃的数目是4，草花的数目是4，和每种花色的牌的数目不一样多的条件矛盾，故不成立。

假设红桃的数目是3，则黑桃的数目也是3，同样不成立。

假设红桃的数目是4，则方块的数目是1，黑桃的数目是2，草花的数目是6，成立。

因此黑桃是王牌。

智力晚会上的游戏

A、B、C三位同学都做了回答，但答案各不相同，使人感到一时无从下手。

我们先试着分析同学A的回答：

A说B叫“真真”，这样，无论A说的是真话还是假话，都说明A不会是真真（如果A说的是真话，那么B是真真，如果A说的是假话，那么，说假话的A不可能是真真）。

B说自己“不是真真”，如果是真话，自然说明B不是真真，如果是假话，那么，说假话的B当然也不会是真真。

由此可以推断，真真只可能是同学C了。

既然同学C是从不说假话的真真，那么，C说B叫“假假”，B就肯定是假假了。还有同学A，他就只能是真假了。

谁和谁比赛

1. 由提示（1）及提示（3），可知：

A. 甲和乙不是搭档的关系；

B. 甲的搭档或是丙或是丁；

C. 甲的搭档年纪比乙小。

2. 由B，假设甲的搭档是丙，则根据提示（2）。

可知：

丙的年龄比乙大。但这和C相矛盾，所以这假设不成立。因此：

D. 甲的搭档是丁；

E. 乙的搭档是丙。

3. 既然知道了搭档关系，便可以进一步推知他们的年龄大小：

F. 由D及提示（3），可知甲的年纪比丁大；

C. 由提示（1），可知乙的年纪比甲大；

H. 由提示（2），D及E可知，丙的年纪比甲和丁都大。

少数民族

A、B、C、D、E五个头像依次为高山族、苗族、藏族、傣族和回族。

记错的血型

先作如下分析：

（1）假如甲记错，那么甲不是A型，而乙是O型，丙是AB型，因此甲必为B型，丁必为A型。与丁说的“我不是AB型”没有矛盾。

（2）假如乙记错，这种情况实质上与（1）相同，没有矛盾。

（3）假如丙记错，那么丙不是AB型，而甲是A型、乙是O型，于是丙是B型，丁是AB型。这与丁说的话不符，这也是不可能的。

（4）假如丁记错了，那么丁是AB型，于是丙不是AB型，这与丙说的话不符，这也是不可能的。

由上可知，四人中要不是甲记错，便是乙记错，所以可能是上述两种情况中的一种。

各是第几名

对16种发言逐一假设是正确的，可推知只有在E所说的“我不在F的前面”是正确的时，其他15种发言才都有可能是错误的。因此，我们可以说在16种发言中，只有E说的“我不在F的前面”是正确的。

进而在E的这句话正确、其他15种发言全错的情况下，便可以很容易推知在这次比赛中得第1～8名的顺序依次是F、B、D、E、G、A、H、C。比如从D的话中可推知D不是第二名，C是最后一名；从F的话中可以推知A不是第一或第二名，E是第四名。余下的依此类推。

是谁闯的祸

是丙干的。乙和丁中一定有一个小孩在说谎。假设乙没有说谎，那么这件事就是丁做的。而丙说的话也同样正确。因为只有一个孩子说了实话，所以乙在说谎。也就是说，这4个孩子中，只有丁说了实话。因此可以断定，是丙打碎了邻居家的玻璃。

汽车是谁的

(1) 乙；

(2) 丙；

(3) 甲；

(4) 乙；

(5) 丙。

家庭成员中的男女

有四男三女。甲、乙、戊、庚是男人，丙、丁、己是女人。从(6)得知：己是女的，庚是男的。从(1)(3)(5)(6)可知：这7个人中．只有3个人是女的。从(3)(5)可以肯定丁是女的。从而可知，其余四个人，即甲、乙、戊、庚一定都是男的。

兄弟排座次

老五和老四。排列方法如图所示。(倒过来也可以)

谁是说谎者

对于“你是A族人吗”这个问题，如果甲是A族，那么他会如实回答“是”；如果甲是B族，那么他会说谎，还是回答“是”。所以不管甲属于什么族，他对旅行者的提问总要回答“是”。乙肯定了这一点，所以乙是A族的。这样乙的后半句话也一定是真的。那么甲肯定是B族的。

侦探的行动

以75千米/小时的速度，客车穿过0.5千米的隧道需要24秒(1

小时为 3 600 秒，除以 75 千米/小时，得出火车行驶 1 千米需要 48 秒的时间。这样，穿过 0.5 千米的隧道就需要 24 秒）。这就是说，当甲到达隧道出口时，火车头已经从隧道口出来并行驶了 3 秒，因此时间太晚，他无法引起司机的注意。但是，由于火车完全进入隧道需要 6 秒的时间，所以等最后的车厢从隧道出来也需要 6 秒的时间。从甲开始向隧道出口跑，整个火车需要 30 秒才能驶出隧道。而甲跑到隧道出口需要 27 秒，这足够可以吸引煞车手的注意，从而拯救乘车的旅客。

羊、狼和白菜

由于狼会吃羊，羊又会吃白菜，所以先由羊开始解决，问题就简单了。步骤如下：

（1）先带山羊到对岸，只有农夫回来；

（2）再把狼带到对岸，把山羊带回来；

（3）把菜带到对岸，农夫回来；

（4）最后把山羊带到对岸。

八个牌手

根据陈述（5），丙太太的搭档是她的女儿，也就是说搭档可能是甲太太、乙太太，或者是丁太太。根据陈述（1），甲太太的搭档是她的女婿，根据陈述（6），丁太太的搭档是她的爷爷。因此，丙太太的搭档是乙太太。

根据陈述（6），丁太太的搭档是她的爷爷，也就是说可能是乙先生、丙先生，或者是甲先生。根据陈述（7），甲先生的搭档是一个男人，因此，丁太太搭档是丙先生。

根据陈述（1），甲太太的搭档是她的女婿，也就是说可能是乙先生、丙先生，或者是丁先生。我们知道，乙先生的搭档是他妻子的弟弟，而丙先生的搭档是丁太太。因此，甲太太的搭档是丁先生。

乙先生和甲先生是一对搭档。

根据陈述（4），甲先生和他的搭档乙先生的对手是他的岳父丙先生（丙太太的女儿是乙太太）和丁太太，他们在桌子 1。根据陈述（5），乙太太（她的搭档是丙太太）的对手是她的妹妹、甲太太和丁先生，他们在桌子 2。

所以，桌子 1：丙先生和丁太太对，甲先生和乙先生；桌子 2：丙太太和乙太太对，丁先生和甲太太对。

邻居的房子

甲：街的北边；灰色

乙：街的北边；白色

丙：街的南边；绿色

丁：街的北边；蓝色

戊：街的南边；白色

谁被释放了

1人。只有D被释放了，其他人都在说谎。假定A说了真话，其他4个人之中的5人必须和A说相同的话，如此分析B、C，说真话的只能是D。如果假设E说真话则陷入自相矛盾之中。

小熊的朋友是谁

根据已知条件，经过逻辑推理后可知小兔、小鸭、小鸡、小狗、小熊依次坐在B、C、D、E、F凳上，小熊的朋友则坐在A凳（方凳）上。据此，我们亦可推知，小猴只能是坐A凳上，因此，小熊的朋友也必然是小猴。

六个专家的专业

A是小说家，B是诗人，C是剧作家，D是音乐家，E是考古学家，F是杂文家。

国王释放犯人

被释放的犯人数只能有如下三种情况：

（1）有四个以上的人戴黄帽子一全体释放；

（2）有三个人戴黄帽子释放七人；

（3）有两个以下的人戴黄帽子一个也没有释放。

第五部分

分析判断力训练

分析判断能力主要考察人们掌握和运用逻辑分析方法的能力，通过已获取的各种消息和综合知识的分析，引出概念、寻求规律，对事物间关系或事件的走向趋势进行合理地判断与分析，确定解决问题的途径和方法。

提高分析判断力并不是一朝一夕的事情，这不但需要广大青少年朋友在日常生活和学习中自觉培养，也需要进行专门的训练。本章内容就是专为提升大家的分析判断力而设计的。

射中靶子的概率

3 个射手轮流射一个靶。但他们可不是什么射击能手。

甲射 5 次会中 2 次。

乙射 5 次会中 2 次。

丙射 10 次会中 3 次。

请问在一轮中他们至少有一个人射中靶子的概率是多少？

培养系数：★★☆☆☆

三个人赛跑

甲和乙比赛 100 米冲刺，结果甲领先 10 米到达终点。乙再和丙比赛 100 米冲刺，结果乙领先 10 米取胜。

现在甲和丙进行同样的比赛，结果会怎样呢？

培养系数：★★☆☆☆

年薪的选择

A、B 两家公司刊登招聘广告，除了下面所列的两点不同之外，其他的条件完全相同。

A 公司：年薪 100 万元，每年加薪 20 万。

B 公司：半年薪 50 万元，每半年加薪 5 万元。

若以三年工作期的薪水高低来选择，应选哪家公司？

培养系数：★★★☆☆

得奖的概率

一种奖品为高级小轿车的彩票一共发行了 120 张。

有一对情侣非常渴望得到这辆车，因此购买了 90 张彩票。

请问他们不能赢到这辆车的概率是多少？

培养系数：★★☆☆☆

掷骰子的概率

甲的朋友掷 1 次色子，然后甲再掷 1 次。

甲掷的点数比他的朋友高的概率是多少？

培养系数：★★★☆☆

三个人的决斗

甲、乙和丙三个人准备决斗。他们抽签来决定从谁开始，每个人选一个对手，向他射击，直到最后只剩下一个人。

甲和乙的命中率都是 100%，而丙的命中率只有 50%。

谁活下来的可能性最大？

培养系数：★★☆☆☆

匪夷所思的谋杀

一天晚上，住在某旅馆里的一位空姐被人枪杀。

凶手是从 30 米外对面的屋顶用无声手枪射中她的。

窗户是关着的，窗子上有一个弹洞。从这一迹象看，凶手只开了一枪。但奇怪的是，被害者的胸部和腿部都中弹了——大腿被子弹射穿，胸部也留有子弹。这样看来，凶手好像开了两枪。如果凶手开了两枪，那么另一颗子弹是从哪里射入被害者的房间的呢？这颗子弹又在哪里呢？

大家无法回答，于是去请教探长，他肯定地回答：中了一枪。

请你判断一下探长为什么这样说呢？

培养系数：★★☆☆☆

哪个小球是次品

一家玩具公司生产的一盒玩具球中，有 4 个小球，每个小球都是按照一定标准的重量制造的。在质检过程中，工作人员发现其中一个小球是次品。现在知道那个次品的重量要比其他合格品的重量重一些。

如果让你用天平只称量一次，你知道如何判断哪个小球是次品吗？

培养系数：★★☆☆☆

现在是什么时间

有 4 个人坐在火车站的候车室的一条长椅上。一老者走上前去，问道："请问，现在是什么时间？" 4 个人同时看了一下自己的手表，然后分别做了回答：

（1）甲说："现在是 12 点 54 分。"

（2）乙说："不，是 12 点 57 分。"

（3）丙说："我的表是 1 点零 3 分。"

（4）丁说："我的表是 1 点零 2 分。"

事实上这 4 个人的表分别有 2 分钟、3 分钟、4 分钟和 5 分钟的误差（这一顺序并非对应于他们回答时的顺序）。

你能够判断出当时的准确时间吗？

培养系数：★★★☆☆

购买土著特产

一个到非洲东部旅行的旅游者向当地的土著人购买一种当地特产。买这种产品一个需付 3 美元 60 美分，加上付给中介人的手续费 36 美分，共计 3 美元 96 美分。而土著居民没有所付货币的零钱。

假设现在只有 10 美元和 1 美元这两种钞票，为了不剩零钱，就必须最少买 25 个（99 美元）。

那么假设只有 10 美元的钞票和 1 美分的硬币，最少必须买几个？

培养系数：★★★☆☆

保险柜金额计数

这里有 A、B、C 三个保险柜，每个保险柜里的起点金额都是一样的。最初的第一年，从 A 取出相当于一成的金额，往 B 放入相当于一成的金额。接着的一年，又往 A 加入相当于现有金额一成的金额，从 B 取出相当于现有金额一成的金额。而 C 在两年间原封不动，既没有取出过也没有放入过。

两年过去，A、B、C 三个保险柜中，哪个保险柜里的钱最多？

培养系数：★★★☆☆

亲朋好友合影

在甲的祖父 70 大寿的时候，甲的爸爸把所有的亲戚都叫过来合影。爸爸发现，如果给每个人照 4 张照片的话，他需要两卷胶卷，因为他所需照的相片数比一卷胶卷多 4 张，然而，如果给每个人照 3 张照片的话，胶卷将会剩下 12 张。

那么，甲的爸爸叫了多少亲戚呢？一卷胶卷可以照出多少张照片呢？

培养系数：★★☆☆☆

无价之宝

一位在南美洲淘金的老财主不仅淘到了大量的金子，而且淘到了许多钻石。为了向别人炫耀自己的富有，他用自己淘到的钻石镶成一个世界上绝无仅有的无价之宝。

第一天，他决定从保险柜里取出一颗钻石；第二天，他取出了6颗钻石一起镶在了第一天钻石的周围；第三天，又多了一圈，变成了两圈；又过了一天，又多了一圈，变成了三圈。六天过后，一颗钻石变成了一个巨大的钻石群，真的成了一块闪闪发光的无价之宝。

请问，这块无价之宝一其有多少颗钻石？

培养系数：★★★☆☆

失窃的公文包

甲是全球巨轮“伊丽莎白”号的主人。这天，他邀请业界的好友齐聚“伊丽莎白”远航日本。正当他们玩得高兴时，甲的一位好友大叫，称他那装有机密文件的公文包丢失了。

甲立刻把船上的5名船员叫了过来一一询问。船长说，刚才他在驾驶舱里一直没走开过，有录像带可以作证；技师说他直在机械舱保养发动机，好让发动机能一直保持一定的速度，可是没人可以证明；电力工程师告诉甲，他刚才在顶层甲板更换日本国旗，挂上去以后发现挂倒了，于是重新挂了一次，有国旗可以作证；还有两名船员说他们在休息舱打牌。互相可以作证。

甲听完，立刻指出了其中一个人在说谎，并且让他交出公文包。

聪明的读者，你知道谁在说谎吗？

培养系数：★★☆☆☆

可以作证的烟头

甲原来是一名美术教师，后来终于成名了，成为一位著名的画家。这么多年来，甲只要一有空，就叼根香烟埋头作画。他觉得如果作画时不吸烟就没有什么灵感，尽管吸烟经常让他咳嗽。

一个周日的上午，甲先生接到一个电话，对方说："您好，我是保险公司的业务员，想占用您一点儿时间……"虽然不太愿意，不过也没有推辞，甲就和那个业务员约定了下午 2 点在甲家中见面。

甲刚刚放下电话，电话又响了起来。甲一接，是他的一个老朋友，就和对方也约在了下午见面，一起喝茶聊天。

然而，就在这天下午，甲却被发现死在了家中。一名探长到了一看，发现屋中的烟灰缸里有几只烟头，门口也有一只吸了一半的烟。另外，他还了解到这天下午来过两个人，一个是保险公司的业务员，另一个就是甲的朋友。探长想了想，就知道谁是凶手了。

那么，你能猜到谁是凶手吗？

培养系数：★★★☆☆

珍珠项链的启示

警察甲与乙在讨论刚刚接手的谋杀案：一个寡妇死在了梳妆台前，头部被击中，几乎没有线索。

"你注意了吗？死者的手里抓着一串珍珠项链。"

"人是死在梳妆台前的，她是正在打扮时候被害的，当然拿着项链了。"

"不，死者脖子上有项链，她不会再戴一条啊！"

"可能凶手也是个女人，死者在同凶手搏斗中揪下了凶手的项链。"

"不对，项链很完好，不像是打斗时揪下来的。我觉得这可能是死者在向我们暗示什么，一定是与凶手有关。"

"凶手？刚刚邻居说这个女人信佛讲道，接触的除了和尚就是算命的道士，谁能戴项链啊？"

"谁戴项链？……我好像明白了。"

那么，读者朋友，你猜到凶手是什么人了吗？

培养系数：★★★☆☆

各拿了什么牌

有 9 张纸牌，分别为 1～9。甲、乙、丙、丁 4 人取牌，每人取两张。现已知甲取的两张牌之和是 10；乙取的两张牌之差是 1；丙取的两张牌之积是 24；丁取的两张牌之商是 3。

请说出他们 4 人各拿了哪两张纸牌，剩下的一张又是什么牌？

培养系数：★★★☆☆

小学生买文具

某小学校快开学了，一个同学的家长给了该同学两张 50 元的钞票，让他去商店里买文具。他一共买了 10 块钱的橡皮擦、10 块钱的铅笔、3 张 4 块钱一张的纸。付完账，老板找了他 65 元钱。

你知道这个小学生是多赚了钱呢，还是被坑了钱呢？

培养系数：★★☆☆☆

买鸡赚了多少

春节快到了，一个人到市场上买了很多年货，最后他想起过年餐桌上少不了鸡，就花 8 元钱买了一只鸡。买完后，他到别的摊位去看，发现不划算，就以 9 元钱的价格把鸡卖了。卖掉之后他突然又觉得还是想吃鸡，于是又花

10 元把卖掉的鸡买了回来。

等他拿着一大堆年货回到家，老婆已经买好了鸡，于是他又以 11 元的价钱把鸡卖掉了。在这个过程中，这个人赚了多少钱？

培养系数：★★☆☆☆

如何发现假硬币

现有外形完全一样的 9 枚硬币，其中 8 枚是真币，1 枚是假币。假币和真币的区别仅是重量稍轻一点。有一台天平秤，没有砝码，秤上没有读数，如果把重物放在天平秤的两边的托盘上，天平能精确地显示出两边的重物是否一样重，或哪边更重一点。

使用该天平秤，如何只称两次就能确定上述硬币中哪枚硬币是假币？

培养系数：★★★☆☆

列车上的抢劫案

一列正在行驶的列车上，价值 5 000 万元的旧纸币被洗劫一空。案发时间是凌晨 2 点左右。负责押运纸币的安全队长甲头部受伤。经验丰富的警官乙奉命调查此案，在案发的第 3 节车厢的 5 号包厢里只发现了两根吸了一半的香烟。

乙问案发时候的情况，甲说：“我从上车开始就没有离开过这个包厢半步。凌晨 2 点左右，忽然有两个人闯了进来。他们一高一矮，都蒙着面，只是露出眼睛。没有等我反应过来，他们就把我打倒在地，用枪指着我的头，然后就用什么东西把我打昏了。我醒来的时候就发现钱不见了，就报了案。”

警官乙问：“地上的烟头是你丢的吗？”

甲回答说：“不是，是他们两个丢的。”

乙警官说：“既然是这样，那么我就知道谁是犯人了。”说完就让手下把甲抓了起来。

那么，你知道警官乙为什么要抓甲吗？

培养系数：★★★☆☆

体育公寓的凶杀案

新一届的运动会就要举办了，每个运动员都在抓紧练习。住在体育公寓的运动员也不例外。甲是国家体操运动员，曾经两次得到世界冠军，所以这次的运动会，大家都对他期望很大。

周日，甲很早就起床了。他住在公寓的5楼，有一个很大的阳台，阳台一角放着运动器械。他来到阳台上，压压腿，做些倒立。对面阳台上，有个小朋友看得直叫好，可是就在这时，只听见“砰”的一声，运动员甲就倒在阳台上不动了。

探长乙闻讯赶来。他检查了尸体，发现子弹是从背后射入的。有一颗弹头嵌在阳台的地板上，和死者的伤口完全吻合。探长捡起弹头，仔细辨认了一下，发现这是专门用于射击比赛的子弹。

经过进一步调查，得知这栋楼的2楼住着一个射击运动员丙，就对他进行了调查。丙生气地说：“你们这是在怀疑我？看看，子弹是从他后背进去，下腹出来的。显然凶手是从上面向下射击，可是我是住在2楼，怎么可能呢？”

经过对丙周围邻居的调查，证实早上丙确实没有出门，那么凶手会是谁呢？探长乙想了想，心中有了答案。

那么，你知道凶手是谁吗？

培养系数：★★★☆☆

凶手到底是谁

甲是一名女教师，为人谦善，深受学生和同事的喜爱，经常被评为“优秀教师”。她还有一个大她三岁的姐姐乙，可是相比之下，大家都更喜欢甲。

一天早上，已经过了上课的时间，可是甲还没有来。老师和学生都觉得奇怪，就给甲的家里打电话，可一直没有人接听，于是就到她家里去看，可是无论怎么按门铃，就是没有人应答，最后只好找来了经验丰富的探长丙。

丙问清楚了情况后，凑近房门，看了看门上的“猫眼”，那是一个探视孔，房间里的人可以通过它看到外面的情况，而外面的人却看不到里面。

最后，丙叫大楼保安把房门打开，发现甲穿着睡衣倒在地上，已经死了。检查后得知死亡时间大概为前一天晚上 8 点。探长丙又看了大楼的监控录像，知道了昨天晚上有两个人来找过甲。一个是她的姐姐乙，另外一个是她的同事丁。可是两个人都说她们按门铃的时候没有人开门，以为甲不在，就走了。

探长丙沉思了一会，突然说道：“我知道谁是凶手了，就是她的姐姐——乙！”

经过审问，凶手果然是乙。

那么，探长是怎么知道的呢？

培养系数：★★★☆☆

左轮手枪的子弹

一天，有 5 个手持左轮手枪的匪徒从一家银行向西逃窜。银行的警卫队长甲闻讯，立即驱车追赶。保安部的乙见状也带领几个警卫驾车追赶。

追着追着，一阵激烈的枪声将他们带到了一条小山沟。等赶到时，只见 5 个匪徒都倒在地上死了，而警卫队长甲的左臂也受了伤。保安部的乙赶忙从地上捡起被抢的箱子，扶着甲一起回来。当晚，大家为甲举行庆功会，并让他讲讲事情的经过。

甲带着几分醉意走上台，说：“我追上的时候，他们正准备分赃。忽然一个放风的匪徒发现了我，向我开了两枪，打中了我的左臂。我看准机会冲过去，抢了他的枪，一枪把他打死，然后躲在石头后面，又连开 4 枪把其余的匪徒都打死了，这时救援的人就到了。”

话音未落，只听保安部的乙说：“别演戏了，你和那些匪徒是一伙的！”

经过审问，甲和那 5 个匪徒果然是一伙的。

那么，乙是怎么知道的呢？你从警卫队长甲的叙述当中看出了什么破绽没有？

培养系数：★★★☆☆

心里默念的数字

甲指着一块手表的表面对乙这样叙述道：

请你在表面上表示小时的12个数字中默认一个数字。现在我手中有一支铅笔。当我的铅笔指着表面上的一个数字时，你就在心里默念一个数。我将用铅笔指点表面上的一系列不同的数，你跟随我在心里默念一系列数。

注意，你必须从比你默认的数字大1的那个数字开始默念，例如，如果你默认的数字是5，你就从6开始念，然后按自然数顺序朝下念，我指表面上的数，你默念心里的数，我显然不知道你心里默念的是什么数，当你念到20时，就喊‘停’，这时我手中的铅笔，一定正指着你最初默认的数。

乙认为这是不可能的，因为甲并不知道自己从哪个数字开始默念。但出乎意料的是，当他按甲所说的操作一遍后，甲手中的铅笔正指着他心里默认的那个数字！

想想看，甲是如何做到这点的？

培养系数：★★★☆☆

给立方体涂色

给一立方体的6个面涂色，要求相邻的两面颜色不同，如用3种不同的颜色来涂，假设转动后颜色相同的涂法是同一种，地面颜色不考虑。

你知道有几种涂法吗？

培养系数：★★★☆☆

凶手会是谁呢

警察局接到报警电话，有人说他们的邻居甲好久没有出门了，而且房子里还传出难闻的味道。于是两个警察被派往甲的别墅去查看情况。

当他们到达别墅前的台阶时，发现台阶上凌乱地放着很多报纸，台阶下面还有一瓶过期的牛奶。所有这些都说明房子的主人已经好久没来取这些东西了。

他们推开虚掩的门，发现甲的尸体倒在地板上，一把插在她胸口的尖刀夺去了她的生命。由于已经死亡多日，尸体发出难闻的气味。整个房间内的贵重物品也被洗劫一空。

两个警察在查看完这一切后，商量了一下，便决定去抓凶手了。

那么，凶手会是谁呢？

培养系数：★★☆☆☆

牛顿巧识凶手

牛顿是英国的数学家、物理学家和天文学家。他在剑桥读书时，有天晚上，一个教授请工友送一张字条给他，上面写着："上个月伦敦西敏寺教堂发生的国王宝石失窃案件，我已经调查出了一些线索，希望你明天早上到我宿舍来，帮助我推理，宿舍是教授大楼第 102 号房。"

这位教授是一位留有大胡子的老先生，英国历史学家，也是西敏寺教堂宝物展览室的顾问。

第二天早上，牛顿赶到 102 房间，却见到床上睡着教授年轻的助手。他有一张洁白光滑的脸，好像很爱干净。助手说："我有一个仇人要杀我，听说昨天已经到大学找过我。我把这件事情告诉了教授，他提议我们交换房间。我原来住在隔壁的 103 号房，教授现在应该在我的房间里。"

牛顿听了就走到 103 号房，只见门锁已经被扭坏，留着大胡子的教授已经死在床上，是被人用手勒死的，喉部还有凶手留下的痕迹。助手见状，很悲伤地说："一定是仇人不知道我们的房间，黑暗中把教授当做是我，因而害死了他。"

牛顿说："别胡说，杀害教授的凶手就是你！"

你知道牛顿是如何推理的吗？

培养系数：★★★☆☆

精心策划的谋杀

甲是一名特工。一天，他得到一个消息：他的敌国的情报官将于凌晨2点驾车经过3号盘山路，而且手里有一份绝密文件。甲决定设计劫走情报。

甲坐在一辆卡车里，关闭了车灯，躲在路边等候情报官的到来。看看表，已经2点了。这时候，远处传来了汽车声，接着灯光越来越近，终于看清了，就是这辆车！

他立即发动卡车，打算去拦截，谁知对方的车居然自己停了下来，情报官也下了车，叫骂："见鬼，忘了加油了！"

真是难得的机会啊！甲马上开车冲了过去，在情报官面前停下车，掏枪就把情报官打死了。然后拿出他要的情报，把没用的文件和情报官的尸体塞进汽车，又拿出准备好的汽油瓶扔进驾驶室。

最后，他把汽车推下山崖。随着"轰"的爆炸声，甲的脸上也显出了几分得意。

第二天早上，电视新闻播报说："今天凌晨，3号盘山路发生车祸。一辆汽车翻下山崖起火爆炸，驾驶员被烧焦。但是，经过警方的调查，认为这是一起有预谋的谋杀……"

听到这里，甲很是吃惊，他不明白这是他经过了精心设计的。

警方是怎么发现破绽的呢？

培养系数：★★★☆☆

胡乱填写的试卷

一位同学参加考试。试卷上共有 30 道选择题，要求从 3 个答案中选一个，每题各 1 分，15 分以上就及格。从概率上来说，即使胡乱填写，也可答对其中的 1/3，即 10 道，况且这位同学有绝对信心答对的有 6 道。

所以，这位同学认为，无论如何自己也会及格。这种想法可能实现吗？

培养系数：★★★☆☆

狡猾的恐怖分子

国际反恐组织得到消息，制造了多起恐怖事件的恐怖组织首领和另外一些核心成员，一年前躲避到 A 国来了。现在他们频繁接触，似乎在酝酿新的恐怖计划。

经过缜密的调查发现，该组织的成员碰面形式很奇怪：第一名头目的助手隔一天去头目那里一次，协助他处理事情，第二名恐怖分子隔两天去一次，第三名恐怖分子隔三天去一次，第四名恐怖分子隔四天去一次……第七名恐怖分子要每隔七天才去一次。

为了避免打草惊蛇，并且把恐怖分子们一网打尽，国际反恐组织决定等到 7 名恐怖分子都碰面的那天再行动。

聪明的读者，这 7 名恐怖分子什么时候才会一起碰面呢？

培养系数：★★★☆☆

两人骑车去农场

甲和乙准备去朋友家的农场玩，可是他们家与朋友家相距很远。于是，他们准备骑车 20 千米。当骑过 4 千米的时候，甲的自行车出了问题，他不得不把车子用链子拴在树上。

由于很着急，他们决定继续尽快向前走。他们有两种选择：要么 2 人都步行，要么 1 个人步行，1 个人骑车。他们都能以每小时 4 千米的速度步行或者以每小时 8 千米的速度骑车前进。他们决定制订一个计划，即在把步行保持在最短距离的情况下，利用最短的时间同时到达农场。

那么，他们应该如何安排步行和骑车的呢？

培养系数：★★★☆☆

蜗牛和壁虎打赌

一只蜗牛和壁虎打赌，说自己肯定能翻过一堵 20 米高的墙。蜗牛每天白天能向上爬 3 米，但是在晚上睡觉时会向下滑 2 米。

如果蜗牛从一边的墙脚出发，要几天才能翻过这堵墙，到达另一边的墙脚？

培养系数：★★★☆☆

爬楼梯比赛

爬楼梯是很好的健身方式。体育课上，老师组织同学们比赛爬楼梯。两个人一组，第一组是甲和乙比赛，甲的速度是乙速度的两倍。

你知道当甲爬到第九层时，乙爬到了第几层？

培养系数：★★★☆☆

牧场主丢失的牛

有一天，牧场主甲向警局报案，说是有两头小牛被偷。警局派出人马到处寻找，一直无法找到。过了一年，有个警察在巡逻时，发现一名男子行为可疑。经过审问得知，这男子有偷牛的嫌疑。搜查他的牧场，发现有 6 头牛，都是大牛，但牛身上没烙印，颜色也差不多。

警局请甲来认牛。甲赶到后，向警方提供了证据，证明其中有两头就是自己被偷的牛。

你知道彼得提供的证据是什么吗？

培养系数：★★★☆☆

悬崖下的男尸

冬天，在一个陡峭的悬崖下，有游人发现了一具男性尸体，崖上发现的一只男皮鞋是死者的。被发现的男尸身穿大衣，满身伤痕，穿着一只鞋，鼻子上架着太阳镜。

警方前来调查，搜索一番后，认为是自杀案件，决定收队。在搬运尸体时，探长站在一旁，突然大叫道："慢着！这并非是自杀案，而是谋杀案，尸体是被人搬到此处，伪装成自杀的。"

你能推断出探长为什么肯定这是宗谋杀案吗？

培养系数：★★★☆☆

自首的疑凶

某先生从窗户的缝隙中，看见邻居家发生了一宗凶杀案。据这位先生说，疑凶几次闪身经过窗前，所以他能清楚地记得，疑凶是一个脸型瘦削的人。但后来竟有一个圆脸的人到警察局自首！

你认为到警察局自首的人是真正的凶手吗？

培养系数：★★☆☆☆

密室里的凶杀案

一个夏天的夜晚，一所独门独院的别墅里，一犯罪团伙的头目被枪杀。

第二天早晨尸体被发现，凶器是丢在尸体旁边的一支手枪。可是，那间房子的门是从里面反锁着的。面积狭小的窗户从里面插着插销，并且窗外是很坚固的铁条防盗护栏。只有窗户下角的玻璃坏了一块，那里已经拉了一张蜘蛛网，连一只苍蝇也别想出入。也就是说，这是一个完完全全的密室。

你能推断出罪犯是如何枪杀了团伙头目的吗？

培养系数：★★★☆☆

郡守智断凶杀案

有一个人因争抢渔船而被打死。死者致命的伤在右肋。由于是群架，牵扯到很多人。拘捕来那么多嫌疑犯，狱吏却迟迟想不出一个找到真凶的好办法。

郡守在细细地审阅了案子后，就亲自来到监房，把众囚犯提上来，去掉了他们的枷锁，让他们坐在大庭之中，端上酒食慰劳他们。吃完后，便命令他们都回监狱去，唯独留下一个人。被留下的人非常惶恐，不知怎么办，郡守对他说：“杀人的就是你！”

你知道郡守是怎么判断出来的吗？

培养系数：★★★☆☆

钥匙藏在哪儿

警察接到报案，一户家里没人时，现款和金银首饰被洗劫一空。看起来盗贼是从大门登堂入室的，但门上着锁，也无被撬的痕迹。实际上，失主家的房门钥匙并非是谁带在身上，而是藏在房门前一个外人不易找到的地方。

“藏在什么地方了呢？”警察问道。可听了失主的话后，警察便觉得罪犯就是失主家里的人。

你能判断出房门钥匙到底藏哪儿了吗？

培养系数：★★★☆☆

小学生卖小鸡

独立一向是小学生甲和乙最讲究的事情，她们俩从小就非常独立，读小学的时候，她们就开始了她们的兼职生涯。星期天，她们俩将家里养的小鸡拿到集市上去卖。乙每天卖 30 只，两只卖 1 元，回家时她可以卖 15 元。甲每天也卖 30 只，3 只卖 1 元，一共可以卖 10 元。

有一天，甲生病了，于是她请乙帮她卖小鸡。乙带了 60 只小鸡去了集市，并以 5 只 2 元的价钱卖。当她回家时，她一共卖了 24 元。因此，这个要比两人分别卖所赚的钱少了 1 元。

那么，为什么会少 1 元呢？是乙拿走了吗？

培养系数：★★★☆☆

省钱的好办法

赤道上有 A、B 两个城市，它们正好位于地球上相对的位置。分别住在这两个城市的甲、乙两位科学家每年都要去南极考察一次，但飞机票实在是太贵了。

围绕地球一周需要 1 000 美元，绕半周需要 800 美元，绕 1/4 周需要 500 美元，按照常理，他们每年都要分别买一张绕地球 1/4 周的往返机票，一共要 1 000 美元，但是他们俩却想出一条妙计，两人都没花那么多的钱。

你判断一下他们是怎么做的？

培养系数：★★★☆☆

煤到哪里去了

有一艘船从俄罗斯的符拉迪沃斯托克运了 6 000 吨煤到新加坡，到了新加坡以后，却发现少了 22 吨，可是半路上煤并没有任何损耗或丢失。

你说这种事可能发生吗？

培养系数：★★☆☆☆

小朋友吃杏

有一个老大爷在卖杏子，价钱是每个杏子 3 角钱，但 3 个杏核可以换 1 个杏子。有几个小朋友，他们身上总共只有 3 块钱，但是却通过和老头的交易吃到了 15 个杏子。

请问，他们是如何做到这一点的？

培养系数：★★★☆☆

智者走了多少米

有一位喜欢在林荫道上散步的智者，他让弟子们这样栽种树木：沿直线先朝东栽 100 米，接着朝北栽 100 米，然后朝西栽 100 米，然后朝南栽 98 米、朝东 98 米、朝北 96 米、朝西 96 米等等，如此栽下去。最后，他便得到了两排树木之间的一条两米宽的林荫道。

智者很喜欢沿着这条林荫道边散步边思考哲学，一直走到这条林荫道的中心。那么，智者一共走了多少米？

培养系数：★★★☆☆

浪漫的青蛙王子

池塘中有 10 块等距离排列的露出水面的石头，左侧相邻的两块石头上蹲着青蛙王子和青蛙公主，王子当然很希望自己能和公主蹲在同一块石头上，享受青蛙式的浪漫。

不过王子一次能蹦过两块石头，落在第三块石头上；公主一次只能蹦过一块石头，落在第二块石头上。因为受到魔法的限制，它们只能同时起跳，并且只能始终按一个方向蹦跳，而青蛙公主的蹦跳方向是逆时针的。

那么，为了尽快和青蛙公主跳到同一块石头上，王子应该选择什么方向蹦跳，顺时针还是逆时针？

培养系数：★★★☆☆

口袋里的蟑螂

湖面上漂浮着一具男尸，看上去很像是溺水自杀。警察接到报案后，迅速赶到现场。尸检时，在被害人的内衣里发现了一只蟑螂。刑警队长立刻断定说："这个人是在室内被杀死，然后转移到湖里的。"

请问，队长的根据是什么？

培养系数：★★☆☆☆

最初有多少钱币

在古代欧洲某个地方有这样一个规定：商人带着商品每经过一个关口，就要被没收一半的钱币，再退还一个。有一个商人，在经过 10 个关口之后，只剩下两个钱币了。

你知道这个商人最初共有多少个钱币吗？

培养系数：★★★☆☆

答案及解析

射中靶子的概率

先算出 3 个人全都没有射中的概率为：3/5×3/5×7/10≈0.252。

因此，3 人中至少有 1 人射中的概率为 1－0.252＝0.748。

三个人赛跑

如果你的答案是“甲领先 20 米取胜”，那就错了。

甲和乙的速度之差是 10％，乙和丙的速度之差也是 10％，但以此得不出甲和丙的速度之差是 20％的结论。

如果三个人在一起比赛，当甲到达终点时，乙落后甲的距离是 100 米的 10％，即 10 米，而丙落后乙的距离是 90 米的 10％，即 9 米。因此，如果甲和丙比赛，甲将领先 19 米。

年薪的选择

应选择 B 公司。计算实际收入的话，可知每一年 B 公司都会比 A 公司多出 5 万元、第一年：A 公司 100 万

B 公司 50＋55＝105（万）

第二年：A 公司 120 万

B 公司 60＋65＝125（万）

第三年：A 公司 140 万

B 公司 70＋75＝145（万）

得奖的概率

这对情侣有 90 种途径会赢，有 30 种途径会输，因此他们不能赢到这辆汽车的概率是 30/120，即 1/4（25％）。

掷骰子的概率

甲和朋友两个人掷到同一点数的概率是 1/6，因此你们俩其中一个掷的点数比另外一个人高的概率为 5/6。

因此甲比你朋友点数高的概率为 5/6 的一半，即 15/36＝5/12。

图为详解。

1	*	+	+	+	+	+
2	-	*	+	+	+	+
3	-	-	*	+	+	+
4	-	-	-	*	+	+
5	-	-	-	-	*	+
6	-	-	-	-	-	+

三个人的决斗

丙活下来的可能性最大，是甲和乙的 2 倍。因为甲和乙最开始肯定会选择向对方射击（因为对方是自己最大的威胁），而接下来丙则将射击活下来的那个人。他射中的概率为 50%（从而成为最后的赢家），射不中的概率也为 50%（最后被别人射中身亡）。

现在我们来分析一下这个有趣的结果：

如果丙最先射击，他一定会故意射不中。因为如果他射死了其中一个人，那么另一个人就会把他射死。

因此事实上需要考虑的只有 2 种情况：甲先射杀掉乙，或者反过来乙先射死甲。

这两种情况下丙有 50%的可能性能够射死幸存下来的那个人，因此他活下来的概率为 50%。

甲如果先开枪，他活下来的概率为 50%；如果乙先开枪，那么他活下来的可能性为 0。由于有 50%的可能性是乙先开枪，因此甲活下来的可能性为 1/2×1/2＝1/4＝25%；乙活下来的可能性也是如此。

匪夷所思的谋杀

凶手开枪时，被害者正背对窗子弯腰，子弹射穿了她的大腿后进入胸部，所以表面上看好像是中了两枪。

哪个小球是次品

在天平两端各放两个小球，次品的那端肯定重，然后在天平两端各拿走一个小球。如果这时天平是平衡的，那么刚才重的那端拿起来的小球是次品：如果天平还是不平衡，那么现在重的那端的小球就是次品。

现在是什么时间

甲的手表误差不可能是 2 分钟，因为如果这样的话，丙的手表误差就至少是 7 分钟；甲的手表误差也不可能是 3 分钟，因为如果这样的话，丙的手表误差就是 6 分钟；所以甲的手表误差是 4 分钟或 5 分钟，而且这种误差只能是比标准时间慢，否则其余每个人的误差都会不少于 7 分钟。

假设甲的手表误差是慢 4 分钟，这样准确时间是 12 点 58 分，由此可知丙的手表误差是快了 5 分钟，其余两人的手表误差分别是 1 分钟和 4 分钟，这样就没有人的误差是 2 分钟和 3 分钟了，这和题中的条件相悖。

所以，只剩下一种可能性，即甲的手表误差是慢 5 分钟。这样当时的准确时间是 12 点 59 分，乙、丙和丁的误差分别是 2 分钟、4 分钟和 3 分钟。

购买土著特产

1 个。付 396 个 1 美分硬币，就可以只买 1 个而不剩零钱了。

保险柜金额计数

C 保险柜最多。

亲朋好友合影

爸爸一共邀请了 16 个亲戚朋友，一卷胶卷可以照出 60 张照片。

无价之宝

开始时只有 1 颗，第二天出现了 6 颗，第三天又出现了 12 颗，三天后又出现了 18 颗。计算公式为：1 + 6 + 12 + 18 + 24 + 30 + 36 = 127 颗。

失窃的公文包

电力工程师在说谎。日本国旗是白底加太阳的图案。无所谓正反的区别，更别说出现挂倒这种事情了。所以，电力工程师根本没有重新挂国旗，他有足够的时间作案。

在大多数时候，只要根据严密的逻辑推理和正确的判断，就能顺利解决问题。需要注意的是不要遗漏任何细节。

可以作证的烟头

是那个业务员。

如果凶手是画家的老朋友，他是没有必要在门口把烟弄灭了的。

珍珠项链的启示

凶手是和尚。项链就是暗示和尚的念珠。

各拿了什么牌

甲拿的两张牌是 1、9；乙为 4、5；丙为 3、8；丁为 2、6。剩下的那张牌是 7。

小学生买文具

整整多赚了 50 元。因为他只买了 35 元的东西，没理由拿两个 50 元让老板找。既然他给了老板 50 元，却找回 65 元，可见他多赚了老板 50 块钱。

买鸡赚了多少

第一次 9 元钱卖鸡时赚了 1 元，第二次 11 元卖掉时又赚了 1 元，总共赚了 2 元。

如何发现假硬币

把九枚硬币分成三叠，每叠三枚。第一次称其中任意两叠，如果这两叠重量持平，就说明假币在第三叠中，取第三叠中的任意两枚硬币称第二次，如果重量持平，则假币是剩下的那枚，否则就是重量较轻的那枚。

如果第一次称的两叠硬币不一样重，则说明伪币在轻的那叠中，取其中的任意两枚称第二次，同理能确定哪枚是假币。总之，使用天平秤，只需称两次，就能确定哪枚是假币。

列车上的抢劫案

既然两个劫匪都是蒙面，他们怎么抽烟呢？显然是甲在说谎。

体育公寓的凶杀案

凶手就是丙。

他是趁运动员甲练习倒立的时候从 2 楼阳台射击的。

凶手到底是谁

有人敲门后，甲会通过“猫眼”看是谁。如果是同事，甲自然会换好衣服再接待，只有是自己的姐姐时才会穿着睡衣开门。

左轮手枪的子弹

歹徒用的是左轮手枪，左轮手枪只有 6 发子弹。警卫队长甲说匪徒向他开了 2 枪，他自己又开了 5 枪，一共是 7 枪，这怎么可能呢？所以警卫队长甲是在说谎。

心里默念的数字

开始，甲假装深思熟虑，而实际上是随意点了 7 个数字，但是他点的第八个数字必定是 12，第九个数字必定是 11，第十个数字必定是 10，以此沿逆时针方向按顺序点下去，当乙念到 20 并喊停时，甲点着的必定正好是乙最初默认的数字。

给立方体涂色

一种。将立方体 5 组相对的面各涂成同一种颜色。

凶手会是谁呢

凶手是送牛奶的人。因为只有

知道甲被害，他才会不再到这里送牛奶。送报纸的人显然不知道这一点，所以每天仍准时把报纸送来。

牛顿巧识凶手

教授送一张字条给牛顿，叫他明天到 102 号房来，说明教授在牛顿来之前是不会换房间的。还有，教授是被勒死的，教授有大胡子，杀手是不可能把助手和教授给弄混的，而且 103 号房的门被弄坏了，助手在一个自己将要被杀的时间，是不可能安心睡觉的，所以不可能不会听到动静。而且也不会等到牛顿来了才醒。

综上所述，助手就是凶手。

精心策划的谋杀

烧毁的汽车上，油箱的指针指在 0 的位置，说明汽车在翻下山谷之前油箱里就没有油了，怎么可能引起爆炸呢？分明是人为制造的。

胡乱填写的试卷

不正确。

胡乱填写也能答对的概率虽为 1/3，然而那是对于除去有信心答对的 6 道题后的 24 道题来说的，即从概率上来说，小王答对的是 14 道。这样考试就不及格了。况且，剩下的 24 道题还存在一题也不正确的可能性。

狡猾的恐怖分子

先从第一个助手开始去的那个晚上计算。如果 7 个恐怖分子头目能同时碰面，他们之间间隔的天数一定能够被 2、3、4、5、6、7 整除，现在我们可以很方便地得出这个数字是 420。

因此，在他们开始会面的第 421 天，7 人将首次同时出现。而由于他们已经在 A 国住了一年，所以离这一天的到来已经不会太远了。

两人骑车去农场

甲骑 1 个小时的自行车后把自行车放在路边，并继续步行两个小时，行走 8 千米后到达他的朋友家的农场。

乙步行两个小时后到达放自行车的地方，然后骑 1 个小时的自行车，这样他就能和甲同时在最短的时间到达朋友家的农场。

蜗牛和壁虎打赌

18 天。

实际上，蜗牛每天可以向上爬 1 米，17 天能上升 17 米。到第 18 天它再爬 3 米就到达 20 米高的墙头，不会再次滑下。然后它可以“纵身一跃”，立刻到达另一边的墙脚。

爬楼梯比赛

第 5 层。如果两人同时从 1 楼开始，甲爬到第 9 层时相当于爬了 8 层，而乙应该是爬了 4 层，说明乙恰好爬到第 5 层。

牧场主丢失的牛

牛的鼻纹和人的指纹一样，每头牛的彼此都不同，甲曾经给自己的小牛留有鼻纹档案。

悬崖下的男尸

探长发现死者还架着一副太阳镜。假使是自杀，由悬崖跳下去的时候，眼镜应该会滚掉，不可能还架在鼻子上。悬崖上的一只鞋，只是行凶者掩人耳目，混淆视听而已！

自首的疑凶

到警察局自首的人的确是凶手。他虽是圆脸，但也是某先生所见到的瘦削的人。由于某先生从窗户的缝隙看见疑凶，而且疑凶快速地闪动，令某先生产生错觉，将圆脸的疑凶看成是瘦削脸的了。

密室里的凶杀案

罪犯从破玻璃洞口伸进手枪开枪打死头目，随后将手枪扔进室内逃跑了。罪犯当时还将几只蜘蛛放在窗台上，其中一只蜘蛛在天亮时又拉了一张网，使房间像个密室，并且凶器又在室内，造成了罪犯在室内开枪自杀的假象。

郡守智断凶杀案

死者致命的伤在右肋，因此可以推断出杀人者是左撇子。大家吃饭都用右手拿筷子，而他却用左手。这就是他杀人的证明。

钥匙藏在哪儿

在狗的脖圈中。钥匙的隐藏地点是外人想象不到的。谁会想到钥匙会藏在狗的脖圈中呢？即使有人注意到了，可这只狗是受过训练的，主人家以外的人是很难靠近的。所以空宅也就万无一失了。如此说来，能顺利取走钥匙的只能是失主家里的人。

小学生卖小鸡

如果按照正常计算，甲和乙分别会卖得 15 元和 10 元，一共是 25

元。当乙带60只小鸡去集市时，每5只小鸡中，2只是自己的，3只是甲的，这样直到把甲的小鸡卖完。

接下来，她开始卖自己剩下的10只小鸡。按理说，她自己的5只小鸡应该价值2.5元，但是，在最后两笔交易中她每次都损失了5角。所以，最终少了1元。

省钱的好办法

甲买一张经由南极到B市的机票，乙买一张经由南极到A市的机票，当他们两人在南极相会时，把机票互换一下，这样他们只花了800美元就到了自己的城市。

煤到哪里去了

可能。

因为地球是一个不标准的圆球体，赤道地区要比南北两极地区向外凸出。而离地心远，引力就会变小，同样多的东西重量就会减少。同样多的物体，其在两极地区时的重量，要比在赤道地区时的重量大0.5%左右。

小朋友吃杏

由于每个杏卖0.3元杏核每个卖0.1元，故每个杏肉只值0.2元，故而5元能吃15个杏。双方都不亏。

智者走了多少米

可以在想象中把智者漫步过的林荫道“剪拼”成一条直道。

由于所有的林荫道组成的正方形的面积是100×100＝10 000（平方米），林荫道的宽度是2米，因此，林荫道全长5 000×7＝35 000（米）。所以智者一共走了17 500（米）。

浪漫的青蛙王子

青蛙王子应该选择逆时针方向蹦跳，这样，它们分别蹦跳9次以后，就能跳到同一块石头上了。

口袋里的蟑螂

蟑螂不在野外生存，因此，被害人是在室内被杀害并滞留，在此期间蟑螂钻进了尚有体温的尸体。

最初有多少钱币

商人最初就只有两个钱币。